Luis Vélez de Guevara

THE LIMPING DEVIL
EL DIABLO COJUELO

Bilingual Edition

Translated & Annotated by
Robert S. Rudder and Ignacio López-Calvo

 - STOCKCERO -

Published by Stockcero, Inc.
3785 N.W. 82nd Avenue
Doral, FL 33166
USA
stockcero@stockcero.com

www.stockcero.com

Luis Vélez de Guevara

The Limping Devil
El Diablo Cojuelo

Bilingual Edition

CONTENT

THE LIMPING DEVIL

INTRODUCTION

In 1641, the Spanish playwright, poet and novelist Luis Vélez de Guevara (born Luis Vélez de Santander) published the fantastical novel *El diablo cojuelo* (The Limping Devil). Although most Spanish literary masterpieces (*Don Quixote*, *The Trickster of Seville*, and the *Song of My Cid*) have been translated into English a number of times, this work, admired by Cervantes,[1] Lope de Vega and others, has remained unavailable in English translation. Vélez de Guevara, who was a Jewish *converso* (convert), was born to a well-to-do family in the town of Écija, Seville, in either 1578 or 1579. He studied art at the University of Osuna, graduating in 1596. George Peale sees *converso* allusions in *The Limping Devil* and Gareth A. Davis also points out that "in his plays Vélez sometimes casts his *gracioso*[2] in a *converso* guise. The purpose was humorous, but the humour can only have obtained a full response from that portion of the audience which was aware of Vélez's social origins." (25)

Vélez de Guevara served as a page to Rodrigo de Castro, the Archbishop of Seville, for four years, and then traveled as a soldier to Italy

---

1   As George Peale points out, Miguel de Cervantes, in *Viaje del Parnaso*, praises Vélez de Guevara as "Lustre y alegría y discreción del trato cortesano" ("Luster and joy and discretion of courtly behavior;" "Ingenio y cortesanía" 233). Peale also reminds us that Quevedo includes Vélez de Guevara, along with Lope de Vega and Calderón, as the best representatives of the Spanish comedy ("Prólogo" x).

2   As Kerry K. Wilks explains, "The *gracioso* often crosses generic lines, encapsulating both the comic and tragic moments in a *comedia*, creating a complexity inherent in this role. This dichotomy is even more pronounced in dramas (deliberate use of term) that are often anthologized or staged in the U.S. (for example, Lope's *Fuente Ovejuna* or Calderón's *La vida es sueño*). Nevertheless, even plays written in a largely comic vein such as the *comedia de capa y espada* (cape and sword plays), have *graciosos* that do not respond to a purely comic caricature. The *gracioso* represents more than humor, more the "schtick," as he is both funny and heart rending. He encompasses a humor that often leads us to the pathos of the work" (n.p.).

and Algiers. After living for a brief period of time in Valladolid, where King Felipe III's (1598-1621) new court was located, he established himself in the Court in Madrid in 1607 at the service of the Count of Saldaña (Diego Gómez de Sandoval y Rojas; 1551-1608), changing his name at this time from Luis Vélez de Santander to "de Guevara," an attempt perhaps to conceal his Jewish lineage (a certain Luis de Santander was executed, as a Jew, in Écija in 1554). During this time, as his literary reputation grew, Vélez de Guevara wrote laudatory poetry and drama although he lived in constant debt. After leaving the service of the Count of Saldaña, his financial problems increased (he had a large family, having married three times, a possible cause of his poverty). In 1625, he entered the service of the Marquis of Peñafiel, and subsequently became an usher of the chamber of King Felipe IV.

During his lifetime, he was highly celebrated by his literary peers; although his fame as a writer increased with his participation in literary academies and poetry contests, his poor economic situation remained the same. He died on November 10, 1644, having penned almost two-hundred dramas, (eight of his comedies were written in collaboration with other playwrights), along with the work by which he is best known: *El diablo cojuelo*.

Among the many plays he wrote, some of the best known historical dramas are *Reinar después de morir* (*To Reign after Death*, 1652); *La luna de la sierra* (*Mountain Moon*); *El diablo está en Cantillana* (*The Devil Is in Cantillana*, 1622); *Más pesa el rey que la sangre* (*The King Outweighs Bloodline*, 1621-1622); *La serrana de la Vera* (*The Mountain Girl from La Vera*, 1603); and *A lo que obliga el ser rey* (*A King's Obligations*, 1625). He also wrote religious plays such as *La Magdalena* (*The Magdalene*) and *La hermosura de Raquel* (*Rachel's Beauty*; Part I [1602-1605] and Part II [1602-1608]), as well as *autos sacramentales* (one-act allegorical religious plays) like *La abadesa del cielo* (*The Abbess from Heaven*; 1700), *El nacimiento de Cristo* (*The Birth of Christ*), and *La mesa redonda* (*The Round Table*), as well as the interlude (*entremés*) *La burla más sazonada* (*The Most Seasoned Mockery*).[3] As Germán Vega García-Luengos points

---

3   Other important titles are *El capitán prodigioso, príncipe de Transilvania* (1597-1598), *El espejo del mundo* (1602-1603), *La devoción de la misa* (1604-1610), *El rey don Sebastián* (1604-1608), *La obligación a las mujeres y duquesa de Sajonia* (1606-1610), *Los fijos de la Barbuda* (1608-1610), *Don Pedro Miago* (1613), *El conde don Pero Vélez* (1615), *El caballero del sol* (1617), *Virtudes vencen señales* (1617), *Amor es naturaleza* (1617-1618), *El lucero de Castilla* (1618-1619), *El rey en su imaginación* (1624-1625), *Las palabras a los reyes* (1625-1626), *El príncipe esclavo (primera y segunda partes)* (1628), *Correr por amor*

out, even though Vélez de Guevara is mostly remembered for his sur-
viving prose work, he deserves a place in Spanish Baroque literary
history primarily because of his plays, if we consider the number he
wrote and how his contemporaries described his opus (n.p.). Indeed,
Maria Grazia Profeti agrees by emphasizing that "Luis Vélez's works
were most successful in his time, unquestionably so."

Perhaps part of this impressive accomplishment is because, like
Lope de Vega, Vélez de Guevara seems to have tried to provide his au-
diences with the type of product they expected. Vega García-Luengos
thus maintains that the peculiarities of Vélez de Guevara's writing
must be interpreted in light of his patrons' preferences: "a theatrical
opus not only modeled by his personal genius, but also shaped by his
patrons' preferences. Undoubtedly, this is an aspect that must be taken
into account when explaining his literary choices at all levels: from style
(his marked tendency toward the emphatic and solemn), to his stage
treatment (attention to the spectacular), to his choice of themes (history
as the main subject), or to the generic preference of his works (no other
playwright's repertoire contains such a high number of serious and historical comedies, and yet so few, almost none, cloak-and-dagger plays
[comedias de capa y espada], so common during this period)."[4]

The case of The Limping Devil, however, is quite different. According to George Peale, Vélez de Guevara wrote this novel without
being concerned about his readers' reactions: "Since this work was the
only case in which he moved away from his dramaturgy to express
'with particular whim' (4), as he says, the personal experience of his
world without having to worry about the public's reaction, one could
deduce that The Limping Devil is a sort of personal manifesto, a self-
exegesis of its author."[5] Consequently, toward the end of his life, Vélez

---

fortuna (1632), and El águila del agua (1632-1633).

4   "Un teatro acorde con su genio personal pero también a gusto de los patronos.
     Indudablemente, este es un aspecto que hay que tener muy en cuenta a la hora de
     explicar sus opciones literarias en todos los niveles: desde el estilo (así, esa notada
     tendencia a lo enfático y solemne), al tratamiento escénico (su atención a lo
     espectacular), la elección de temas (con la historia como materia principal) o la
     adscripción genérica de sus obras (ningún otro repertorio alcanza un porcentaje tan alto
     de comedias serias e historiales, y tan escaso, casi nulo, de las de capa y espada, tan
     habitual en otros dramaturgos)" (n.p.).

5   "Puesto que esta obra fue la única ocasión en que se apartó de su teatro para manifestar
     'con particular capricho' (p. 4), como él mismo dice, la vivencia personal de su mundo
     notado sin tener que preocuparse de la reacción del público, podría decirse que El
     Diablo Cojuelo es una manera de manifiesto personal, una auto-exégesis de su autor"
     ("Ingenio y cortesanía" 234).

de Guevara seems to have created the work he always intended to write, one that bitterly criticizes most of Spanish society of the period. To its detriment, however, it shamelessly praises many court aristocrats, Vélez de Guevara's benefactors.

Written in a genre at times reminiscent of the picaresque tradition, *The Limping Devil* recounts the adventures of a lame devil and a rascally student who frees him from an astrologer's bottle, as the two travel through Spain, observing and commenting on all the foibles of its seventeenth-century society. These characters' names are of special interest. The student's first name is Cleofás (according to Luke 24:18, Cleopas was a follower of Jesus who did not acknowledge the latter's resurrection); his middle name, Leandro, (Leander was a legendary figure who swam the Hellespont to visit his lover, Hero); and his two last names: in the third "Tranco" (or leap as befits a handicapped character on crutches), Vélez de Guevara mocks those who change their humble surnames, such as Pérez (one of the student's surnames), López or Martínez, for more noble-sounding ones, such as Guzmán, Mendoza, Cerda, and Zambullo, which stems from the Spanish reflexive verb "zambullirse" (to immerse oneself). The devil does not go by Lucifer, Satan, Beelzebub, Barabbas, Belial or Astarot. Instead, he simply calls himself "The Limping Devil." Describing himself as "the naughtiest demon in hell,"[6] he explains that his physical defect resulted from his fall from Heaven –the first angel to tumble after a rebellion against God– as the remaining fallen angels landed on him and forever crippled him. Dolores Azorín Fernández associates the fact that one of the protagonists is a student with the novel's pedagogical bent (n.p.), Gareth A. Davis sees in Cleofás not only Vélez's greatest *gracioso*, but also his depiction of a *converso*.

> This persona likewise is a man of many surnames, whose lineage on all sides is as insubstantial as the wind: he is "Don Cleofás Leandro Pérez Zambullo, hidalgo a cuatro vientos, caballero huracán y encrucijada de apellidos" ["Don Cleofás Leandro Pérez Zambullo, hidalgo to four winds, hurricane knight and crossroads of last names."] That this disciple of the devil may be a cristiano nuevo is further suggested by the information that he is an "hombre con el previlegio del bautismo" [man with the privilege of baptism] if in this case the gracioso is not exactly a moralising judge of the folly he sees, he is at least the means of revealing it to the reader in

---

6   "El diablo más travieso del infierno."

all its confusion, hypocrisy, and lack of values. (26)

The story begins with the student Cleofás, as he dashes across rooftops, flees from the clutches of the law. He has been accused of rape by a young "maiden," who is no maiden at all, having had eighty previous lovers. As he flings himself through the window of an attic, he comes upon a tiny devil with a pumpkin-shaped head and a big mouth with only two fangs for teeth. Two years earlier, the devil had been imprisoned in a bottle by an elderly astrologer/necromancer who was trying to use the demon's supernatural powers for his own purposes. Even though Cleofás finds him disgusting, he still needs the little devil if he is to leave the attic and escape from law enforcement. When the student releases him from his confinement, the mischievous devil promises to repay him by revealing to him the true nature of Spanish society. The devil takes Cleofás to the highest tower in Madrid, removing the roofs to allow them to view the affairs and vices of the "rational creepy-crawlers"[7] who dwell inside, a microcosm of the society of the time. Throughout the novel, from the observations about actors, poets, the nobility and society in general, we are presented with a striking parody and a dark overview of the grotesque Spanish life of the time. Upon his first look at the city, the student does not miss the opportunity to point out that he knows the faces of rich men, but not the contents of their purses, thus labeling them stingy. Later, in several other "trancos," the student from the University of Alcalá and the little devil cease to be mere spectators of society and proceed to join the other characters in the novel's plot.

We are then presented with an unflattering view of the aristocracy, along with that of lawyers, cuckolded husbands, fops, old crones in the business of repairing hymens, hypocrites, thieves, unscrupulous tavern keepers, alchemists, lotharios, cardsharps, matchmakers, misers, and others of the same ilk. In another "leap," our protagonists observe people walking down a street lined with mirrors and watch them as, with exaggerated concern for their appearance, they try to primp themselves up. We encounter various groups of pretenders here as well, from lowly men and women contracted as footmen or squires by pretend-ladies, to those who take on false titles of nobility. We also see people who eat opulent dinners even though they have lost all their wealth to foreigners; a cantina owner diluting his wine with water; a

---

7   "Sabandijas racionales."

marquis who makes empty marriage promises to seduce young women; a witch about to attend a Witches' Sabbath; two thieves who rob a foreigner; a restaurant owner who became wealthy by selling horse and cat meat and passing it off as goat and rabbit, and who is not only too fat to fit in her bed, but also in her house and even in the city of Madrid (the devil humorously adds that no one so heavy can be lifted to Heaven); and even Tomasa, Cleofás's accuser, allows yet another man into her home for sexual purposes. They next visit a "madhouse" where the inmates are only slightly less sane than those on the outside. This scene provides the novelist with an opportunity to mock another profession (earlier in the work, a physician had killed all his patients), scholars, namely a grammarian who loses his mind after he is unable to come up with the gerund of a Greek verb and a historian because he cannot account for three decades of Titus Livius's (Livy) life. Then, on another street, the student and the devil come upon clothiers, who sell garments they removed from the exhumed bodies of the recently deceased.

The next "tranco" allows the author to compose one of the most humorous episodes of the novel. Ensconced in an inn and temporarily abandoned by his devilish companion, the student is awakened by someone shouting, "Fire!" As the guests at the inn stream out of their rooms, they discover that the cause of the uproar is a playwright who is enacting a scene that he wrote. Vélez de Guevara is now enabled to satirize the styles of certain contemporary playwrights and their extravagantly absurd scenes. Another lurch and an inn later, the student and the gimpy devil find themselves defending the Spanish king before travelers from France, England, Italy, and Germany. After they rid themselves of these foreigners, they are visited by a company of actors. In this episode, Veléz de Guevara, with all his theatrical experience, reveals certain petty jealousies and other antics among performers.

In succeeding chapters, Cleofás and the Limping Devil travel to Toledo and, while the student sleeps, the Devil visits Constantinople, Venice, Geneva, Milan, and Valencia, among other places. The novel then gives us glimpses of the types of swordsmanship practiced at the time as well as a scathing satire of physicians and pharmacists, while the protagonists travel through the Sierra Morena, Cordova, and Écija, the author's birthplace. This episode is followed by a dream-like scene that describes a parade of the followers of Fortune, which includes "lackeys" such as Homer, Virgil, Petrarch, and the like. When the student points out that these great poets have not prospered much, the devil answers –perhaps so as to justify the author's economic misfortune– that no one, in his own house, possesses what he deserves. These poets are accompanied by great princes and kings, and Fortune's ladies: Foolishness, Fickleness, Flattery, Beauty, Ambition, and Avarice. Other followers include thieves, astrologers, matchmakers, and madmen. This scene is intended to depict a decaying society, particularly by exposing its highest and most powerful members.

As the motley crowd disappears, the devil and the student go on a sightseeing tour of Seville. Through a magical mirror, the devil shows the student the Boulevard ("Calle Mayor") in Madrid, and offers a paean to many of the nobles strolling there. This is one of the few episodes where the author does not strike a heavy satirical blow on society, perhaps in realization that his economic survival rests with this very group.

Finally, the gimpy demon and his friend visit a literary academy in Seville, a milieu with which the author was well acquainted, since he presided over a burlesque academy called the Buen Retiro in 1637. After a side trip to a den of beggars, the pair returns to the academy to address the assembled group. Here, the student gives new compositional "rules," brilliantly mocking the linguistic excesses of poets and dramatists of the day. Suddenly, the academy is interrupted by the accusing "maiden," Tomasa, who has been pursuing the student all the while. A bailiff who accompanies her arrests the student and the devil, but later releases them after accepting a bribe. Lucifer then sends a devil called "Cienllamas" ("One Hundred Flames"), with two acolytes, to detain the fugitive devil, following the astrologer's complaint; the mischievous devil flees by possessing the body of a scribe. The scribe goes to Hell, but is then released after he is forced to vomit the Limping Devil inside him. Meanwhile, Cleofás flees from Tomasa and heads to Alcalá de Henares to finish his studies. The novel ends with a wonderfully executed burlesque scene in which everyone, the gimpy devil included, receives their just desserts.

In *The Limping Devil*, Vélez de Guevara, like many of the playwrights of his day, especially Lope de Vega, critiques the moral deficiencies of society while concomitantly entertaining the reader. This acrid criticism of the different professions and social groups –their pic-

aresque ways, misbehavior, misery, pretension, obsession with ethnic
purity or with appearing to be of a higher social status reveals that
maintaining appearances was a major concern of the period. Along
with the generalized mood of the era, Vélez de Guevara's continuous
financial problems plausibly contributed to his disillusionment and pes-
simistic worldview. The author also includes a veiled criticism of how
Spain was governed, that is, its constant wars with other countries and
the dissipation of the gold and silver extracted from the colonies, an
enormous wealth that mostly ended up in other countries' coffers.

The Limping Devil was written over a period of years, from approx-
imately 1636 to 1640. Though traditionally considered a picaresque
novel, it lacks, however, a common characteristic of that genre: an au-
tobiographical approach. Instead, written in the third person, we have
a student and a lame devil involved in several mostly unrelated adventures that are narrated in "trancos." Azorín Fernández provides addi-
tional reasons to question the picaresque nature of this work:

> Regarding the protagonists of The Limping Devil, neither the little
> devil nor the student can be described as pícaros, at least in the men-
> tioned sense. Both are, at the beginning of the story, marginalized
> from their social environment. But this marginalization is tem-
> porary, it is the obligatory parenthesis that will give rise to the cons-
> truction of the work's narrative coordinates. Thus, at the conclusion
> of their adventures, each returns to his natural environment:
> Cleofás, to continue his studies though somewhat disappointed; the
> Limping Devil, after having exited the scribe's body, is also reins-
> tated to his place of origin.[8]

Furthermore, George Peale, and other critics have questioned
whether The Limping Devil is a true novel, proposing instead that it is
a Menippean Satire because it lacks the unity expected in a novel
(trancos or leaps, instead of chapters). Along these lines, Margarita
Levisi has analyzed the interaction of novelistic and dramatic traits in
this work: "It is the author himself who gives us the clue by announcing

---

8   "Por lo que hace a los protagonistas del Cojuelo, ni el diablillo ni el estudiante pueden
     calificarse de pícaros, al menos, en el sentido en el que antes hemos hecho alusión.
     Tanto uno como otro se encuentran al inicio del relato al margen de su medio social.
     Pero esta marginación es temporal, constituye el obligado paréntesis que dará pie a la
     construcción de las coordenadas narrativas de la obra. Así, al finalizar la peripecia de
     ambos, cada uno vuelve a su medio natural: Don Cleofás, a continuar sus estudios, no
     sin cierto bagaje de desengaño; y el Cojuelo, tras ser engullido por el escribano, es
     reintegrado asimismo a su lugar de origen" (20).

in the prologues –although written a posteriori– his supposed liberation from dramatic obligations."[9] In any case, while the character of a gimpy devil was well known in Spanish proverbs, sayings, and folk tunes before Vélez de Guevara's novel, one may also find a similar theme, as several critics have indicated, in those magic lenses included in Rodrígo Fernández de Ribera's *Los anteojos de mejor vista* (Corrective Eyeglasses,1620–1625).

Twenty-first century readers may find some passages in the novel offensive, such as the one in the first "tranco," where the devil refers to hell as an "infernal Guinea."[10] One can also sense a hardly veiled xenophobia in those passages where foreigners who reside in Spain are described as parasites who not only take Spanish wealth, but also disrespect the king; the little demon is particularly critical of Switzerland, whose citizens are said to be devils themselves and are almost as bad as Spaniards living in the Americas (an implicit criticism of expatriates). There are even Orientalist echoes when the devil travels to Constantinople to unsettle the Great Turk's harem and to kill his twelve or thirteen brothers so as to avoid a conspiracy. Similarly, when the Limping Devil points out that the wealthiest and most powerful men in the world, accompanying Fortune in her parade, are also the most foolish, Don Cleofás retorts, echoing the period's misogyny that, since Fortune is a woman's name (in Spanish), as a female she always chooses the worst characters.

Some years after *The Limping Devil*'s publication, similar characters appeared in English literature and art.[11] These characters, however, do not appear to be due to Vélez de Guevara's work, but instead point to a French "translation" of *El diablo cojuelo*, *Le diable boiteux* (1707) by Alain-René Lesage. Lesage's adaptation takes the title, the principal characters, and incidents from the first chapter of the Spanish original,

---

9   "Es el mismo autor quien nos lleva sobre esta pista al anunciar desde los prólogos –aunque hayan sido escritos 'a posteriori'– su supuesta liberación del quehacer teatral" (216).

10 "Guinea infernal."

11 These include the following: *The Devil upon Two Sticks: Or the Town Until'd... as it is Acted in Pinkeman's both in May-Fair* (1708); *Perseus and Andromeda: Or, the Devil upon Two Sticks; in Five Interludes: Three Serious and Two Comic*, composed by Mons. Roger (1729); *Devil upon Two Sticks: Or, a Hue and Cry after the Drapier's Club*, written by the Clerk of the parish (1736); "The Devil Upon Two Sticks", a satirical engraving of Sir Robert Walpole by Hubert-François Gravelot (1741); *The Devil upon Two Sticks, or, the Country Beau, a Ballad Farce of One Act*, by Charles Coffey (1745): *The Devil upon Crutches in England: Or Night Scenes in London*, by a Gentleman of Oxford (1759); and *The Devil upon Two Sticks: A Comedy in Three Acts*, by Samuel Foote (1768).

but then quickly turns it into a quite different kind of work. The devil in Lesage's hands becomes a combination of devil and Cupid, presiding over several love affairs, both successful and disastrous. Now named Asmodeus, this demon is very French by nature: he even boasts of borrowing the graces of a little French marquis in order to win the love of Psyche.[12] And while Vélez de Guevara often brushes over the objects of his satire quickly, Lesage takes his time, spinning many of the episodes into fully independent novellas that stand on their own. Along the way, he is quick to point out the differences between the Spaniards and the way Frenchmen might act. When Cleofás sees Doña Tomasa, his accuser, seated comfortably with a group of admirers, he is outraged; but the devil assures him that this sort of thing happens frequently in France, especially in the company of priests. And when a Spaniard has been caught entering the window of a married woman's house and goes to prison rather than endanger his mistress's reputation, the devil notes that a Frenchman would instead broadcast the affair in broad daylight. Then, while a Spanish poet sings of his lost love in darkest despair, the devil remarks that a Frenchman would simply head for the nearest tavern. Lesage's work proved so popular that, within four months of its publication, it had reached nine editions, with forty-two more to be published by century's end. *Le diable boiteux* is still published today, and it has also been adapted for the stage.

Lesage's work also became very well known to the English-speaking world through its translations into the English language. In fact, only one year after publication of *Le diable boiteux* an anonymously translated version appeared, entitled *The Devil Upon Two Sticks* (1708). Tobias Smollet's translation of Lesage, *The Devil Upon Crutches*, followed in 1750. And there even appeared a "continuation" of the French novel by William Combe, *The Devil Upon Two Sticks in England,* published in six volumes (1790-91). As further evidence of the widespread influence of *The Limping Devil* in English literature, we find Charles Dickens opening chapter 33 of his *The Old Curiosity Shop* (1840-1841) in the following way:

> As the course of this tale requires that we should become acquainted, somewhere hereabouts, with a few particulars connected with the domestic economy of Mr. Sampson Brass, and as a more convenient place than the present is not likely to occur for that

---

12　Asmodeus is the demon of lust, who twisting people's sexual desires.

purpose, the historian takes the friendly reader by the hand, and springing with him into the air, and cleaving the same at a greater rate than ever Don Cleophas Leandro Perez Zambullo and his familiar travelled through that pleasant region in company, alights with him upon the pavement of Bevis Marks. (149)

In short, the influence of Lesage's novel can readily be seen in English literature and art, but none has been attributable to Luis Vélez de Guevara's original work.

Our purpose, then, is to finally bring this original Spanish work to light for English readers. This novel and other Spanish works became the basis for the European modern novel and, as such, they are worthy of attention well beyond that of Spanish-language readers. Although *The Limping Devil*'s language is highly baroque and some of its passages remain virtually incomprehensible to even the most learned, it has been our intention to translate the work into a highly readable text, supplemented by an abundant number of explanatory footnotes. And as Vélez de Guevara says, we pray "that whoever reads it will be entertained, and will not be worn out by its words and will find them pleasurable."

WORKS CITED

Azorín Fernández, Dolores. 2015. "Aspectos del discurso repetido en *El diablo cojuelo* de Luis Vélez de Guevara," *Anales de la Literatura Española.* DOI: https://doi.org/10.14198/ALEUA.1982.1.03

_____. *El Diablo Cojuelo: glosario e índices léxicos. Biblioteca Virtual Miguel de Cervantes.* Alicante: Biblioteca Virtual Miguel de Cervantes. 2000. Web. 29 Nov. 2017.

Cervantes, Miguel de. 2013. Digital edition based on C. George Peale (ed.), *Antigüedad y* actualidad de Luis Vélez de Guevara: estudios críticos John Benjamins Publishing Company, 1983. 20-38.

Davis, Gareth A. "Luis Vélez de Guevara and Court Life." Alicante: Biblioteca Virtual

Dickens, Charles. *The Old Curiosity Shop*. London: Champan & Hall, 1848.

Levisi, Margarita. "Los aspectos teatrales de *El Diablo Cojuelo*." Alicante: Biblioteca Virtual Miguel de Cervantes, 2013. Digital edition based on C. George Peale, ed., *Antigüedad y actualidad de Luis Vélez de Guevara: estudios críticos*. Amsterdam: John Benjamins Publishing Company, 1983. 207-18.

Martín Ojeda, Marina and C. George Peale. 2017. "Historiografía, genealogía y onomástica: la cuestión del judaísmo de Luis Vélez de Guevara." 7-22

Peale, C. George. "Ingenio y cortesanía en *El Diablo Cojuelo*. Dos notas sobre el haz y el envés de Vélez de Guevara." Alicante: Biblioteca Virtual Miguel de Cervantes, 2013. Digital edition based on C. George Peale (ed.), *Antigüedad y ac-*

tualidad de Luis Vélez de Guevara: estudios críticos Amsterdam: John Benjamins Publishing Company, 1983. 233-53.

_____. "Prólogo." Alicante: Biblioteca Virtual Miguel de Cervantes, 2013. Digital edition based on C. George Peale (ed.), *Antigüedad y actualidad de Luis Vélez de Guevara: estudios críticos*. Amsterdam: John Benjamins Publishing Company, 1983. IX-XII.

Profeti, Maria Grazia. "Emisor y receptores: Luis Vélez de Guevara y el enfoque crítico." Alicante: Biblioteca Virtual Miguel de Cervantes, 2013. Digital edition based on C. George Peale, ed., *Antigüedad y actualidad de Luis Vélez de Guevara: estudios críticos*. Amsterdam: John Benjamins Publishing Company, 1983. 1-19.

Vega García-Luengos, Germán. "El autor: Perfil biográfico." *Biblioteca Virtual Miguel de Cervantes*. http://www.cervantesvirtual.com/portales/velez_de_guevara/autor_biografia/?_ga=2.229084063.2064845874.1511885574-103728094.1500737946. 29 Nov. 2017.

Vélez de Guevara, Luis. Bonilla *El Diablo Cojuelo*. Ed. A. Bonilla. Madrid: Bibliófilos Madrileños, 1910.

Wilks, Kerry K. "Staging *Graciosos* in America." https://spanish-golden-age-plays.wikispaces.com/Staging+Graciosos+in+America+%28Wilks%29.2009. Accessed 2 Dec. 2017.

Translators' Note

Our translation of *El diablo cojuelo* is based primarily on the editions prepared by Rodríguez Marín (Espasa-Calpe: 1960) and Rodríguez Cepeda (Alcalá: 1968). We have attempted to make it into a very readable English version while at the same time adhering closely to the Spanish text. The major difficulties in preparing our manuscript stem from the author's complex style. The novel was written during Spain's Baroque period, whose iconic representatives were the poets Francisco de Quevedo (1580-1645) and Luis de Góngora (1561-1627). Baroque literature featured an abundance of metaphors, wordplay, and complicated syntax, all of which are evident in *The Limping Devil*, often making it a most difficult work to understand.

The translation of the title alone presents obstacles: should "diablo" be translated as "demon" or as "devil"? What is a more appropriate English translation of "cojuelo": "lame," "gimpy," "limping," or "cripple"? The author uses the word "trancos" to separate the chapters. Should it be translated as "leaps" or "lurches"? Scholars have puzzled over many of its phrases for years. Using the studies of others as guides, and at times working out certain references for ourselves, we have come up with what we hope will be a useful and entertaining English version of this classic work by Vélez de Guevara. One can guess the challenging nature of capturing the meaning of so many ludic puns and manipulated sayings in English translation in the following quotation by Bonilla, in his prologue to *El Diablo Cojuelo* (Madrid, Bibliófilos Madrileños, 1910):

> Vélez de Guevara, like Quevedo, is a scholastic of the language. One cannot miss a single one of his words or trust the direct meaning of any of his sentences or the best part of the story may be

missed. One must always pay close attention in order to enjoy those daring metaphors as one should, those extravagant connotations, those amazing double meanings, those arbitrary licenses . . . only those familiar with the secrets of speech will understand the beauty of such a work."[13]

Likewise, Dolores Azorín Fernández, in her essay "Aspectos del discurso repetido en *El diablo cojuelo* de Luis Vélez de Guevara," points out that "Vélez, by resorting to the transformation of sayings and the manipulation of the idioms and clichés of religious speech, shares the same tendency to seek novelty, in this case, through the linguistic 'recycling' of platitudes."[14]

To conclude, it is also important to keep in mind the Jewish descent of the author. As Marina Martín Ojeda and C. George Peale explain in "Historiografía, genealogía y onomástica: la cuestión del judaísmo de Luis Vélez de Guevara," "All this leads us to conclude that Luis Vélez de Guevara had a well-documented Hebrew ancestry, and that he, together with his parents and grandparents, uncles and cousins, lived a fully Christian life, far from practicing Judaism. There was a religious assimilation, forgetting the law of Moses."[15] Perhaps this important aspect of his biography can provide clues for the meaning of some of his comical puns, innovating metaphors, and manipulated sayings.

13　"Vélez de Guevara como Quevedo es un escolástico del idioma. No hay que perder una sola de sus palabras, no hay que confiar en el valor directo de cualquiera de sus frases, porque lo mejor del cuento pasaría quizás inadvertido. Es preciso estar siempre ojo avizor para saborear como es debido aquellas atrevidas metáforas, aquellas extravagantes relaciones, aquellos estupendos equívocos, aquellas arbitrarias licencias con que se complace . . . sólo el muy familiarizado con los secretos del habla podría darse cabal cuenta de las bellezas de una obra semejante" (XXX).

14　"Vélez, en el recurso al refrán contrahecho y a la manipulación de las locuciones y de los clichés del lenguaje religioso, se inscribe dentro de esa misma tendencia de búsqueda de la novedad, en este caso, mediante el 'reciclaje' lingüístico del tópico" (n.p.).

15　"Todo ello nos lleva a concluir una documentada progenie hebraica en Luis Vélez de Guevara, y que tanto él como sus padres y abuelos, tíos y primos, vívían plenamente el cristianismo, alejados de prácticas judaizantes. Hubo asimilación religiosa y olvido de la Ley de Moisés" (n.p.).

THE LIMPING DEVIL

by

LUIS VÉLEZ DE GUEVARA

[To the most Excellent Sr. Don Rodrigo de Sandoval, de Silva, de Mendoza y de la Cerda, Prince of Mélito, Duke of Pastrana, of Estremera and Francavila, etc.]

Most Excellent Sir:

The generous nature of Your Excellency, Fatherland of creative genius, where all find a secure refuge, has given me pause by requesting the rescue of this work of mine, which I call *The Limping Devil*, from the oblivion of a desk drawer among other rough sketches. It is written with marked whimsicality so that, with the protection of such a great patron, it will be less cowardly in showing the ignorance of its possessor. In whose most excellent shadow, envy will look at me with indifference, emulation will be mute, competition will disregard me. With all these assurances, this novel will not founder, and will be able to make its way openly throughout the world. May God keep Your Excellency, as we your servants desire and stand in need.
    Your Excellency's servant, who kneels to kiss your feet.
                                    Luis Vélez de Guevara

Prologue to the Low-Born Hooters and Whistlers of the Theater in Madrid

Thanks be to God, my grousers[16] (or yours), judges of theatrical applause by custom and by wicked abuse, for once I shall take up my pen without fearing your boos. For this discourse on the Limping Devil was conceived and given birth outside of any theater, and thus outside of your jurisdiction. And by your nature it is even free from the risk of censorship of reading it, for scarcely any of you know the alphabet. You were born to make fools of yourselves, and to be fish in the ponds of theaters' pits, waiting with open mouths for the smack of the conceit to fall on the ear, or through the actor's clap, and not by any astuteness on your part. Have it your way: You are Fortune's beadles, handing out prizes mainly to what doesn't even deserve to be heard, and shooting down what deserves to be above the stars. But I don't give two hoots for you. May God help me with my prose, while others bobble in the hurly-burly of your applause, from which God in his infinite mercy free us, Amen, Jesus.

---

16 "Mosqueteros" in Spanish. This was the motley crowd who attended the outdoor theater in Spain in the seventeenth century, standing in the patio and expressing their approval or disapproval of the play boisterously, either applauding the actors loudly, or pelting them with eggs and rotten fruit if they did not like their performance.

Note of Warning to the Candid[17] or Dark Reader

Dear Friend Reader: I have written this narrative (that I dare not call a book), passing from the swift canter of poetry to the bridled gait of prose, during the spare time given to me from the needs of my family and of theatrical impresarios with royal license. And since it is *The Limping Devil*, I have not divided it into chapters, but into leaps. I beg you to do likewise as you read it, for then you will have less cause to censure me, and I will have less to thank you for. And since there is no further reason to continue, I shall cease, but not from begging God to keep me in your graces.

From Madrid, until such a month and year as sees its publication, and so on and so forth.

The Author and the Text

---

17   Candid: ingenuous, white.

From Don Juan Vélez de Guevara[18] to His Father

SONNET

Light, in whom my life force was ignited,
From whose flame I came to be,
Though my life has only been in imitation of you,
Though soul in me were vain obstinacy.
If you are Helios of Poetry,
May your eternal applause outlive even Him,
And since living, alone, is limited,
Do not reduce yourself to the term of a day.
Today join in delight with instruction
Your genius, and let not time consume it,
For it also becomes its own applause.
And may modesty suffer this praise
From one who, to appear more a child of yours,
Would rather a flourish of your pen be.

---

18   Juan Vélez de Guevara (1611-1675), son of Luis Vélez de Guevara, was also a Spanish
      playwright.

The First Leap

It was eleven o'clock sharp at night in Madrid, at the end of July, a terrible hour for the streets,[19] with no moon, giving free reign to all night-owl courting and tomfoolery of death. The Prado was gasping out coaches on the final steps of their journey, and in the baths of the Manzanares River, the Adams and Eves[20] of the Court, scrubbed more by sand than cleansed by water, were saying the *Ite, río est*,[21] when Don Cleofás Leandro Pérez Zambullo, a nobleman of the four winds, a tempestuous gentleman and an intersection of names,[22] an apprentice ladies' man and student by profession, wielding a buckler and sword, was learning to be a cat on the peak of a roof as he fled from the arm of the law that was pursuing him for a rape of which he had neither tasted nor supped. For, in the lawsuits of a maiden of this type against creditors, he was number twenty-two on the list,[23] and here she was, claiming that the poor scholar alone should pay for what so many had snacked on. And as he was attempting to escape the "marriage bonds" (a definitive sentence of the parish priest and an act that can only be undone by the Funeral Vicar, judge of the after life[24]) it was not difficult for him to fling himself from the wing of this roof (as though he had wings himself) to the attic of another that bordered it in a northeasterly direction, guided by a light that was barely visible, a star in the storm he was dashing through. And he

---

19 The time during which filth was to be thrown into the streets.
20 That is, they are naked.
21 A parody of the phrase *Ite missa est*, said at the end of the Catholic mass, signifying here that their bathing is finished.
22 Because he had so many names.
23 In other words, the "maiden" had already had relations with twenty-one men before him.
24 Death.

hurled himself, both feet and mouth together, into that garret, greeting
it like a port of so many shipwrecks, and leaving behind the ministers'
clutches and the upstanding thoughts of my lady, Doña Tomasa de Vitigudino, a damaged maiden who was spending the night like a counterfeit coin. Because to top off her skullduggery, she had committed
another felonious act with the captain of those catlike riders who ran
along the coasts of those roofs, pursuing him in that litigation. But they
turned back, dismayed that the ship adorned with cloak and sword had
escaped: the one who held captive the honor of that deceitful woman
of vestal trickery. And she swore to herself that she would get even for
this slight by finding some other innocent fellow, some greenhorn of
maidens' tricks, trusting in a mother that she called her "auntie," a
bond by which many another foreign goose had fallen victim.

At this moment, the Student, not believing his good luck and
sweeping both his clothes and eyes across the small room, took in the
space where he had landed, and was astonished at the strange
curiosities that adorned this cavern. Its greedy lamp was a candle that
revealed, on an ancient chain mesh table, a great number of papers,
badly stacked and disordered, with mathematical figures written on
them. There were also some books of astrological coordinates lying
open, two globes and some compasses and quadrants –a certain sign
that on the floor below there lived some astrologer, the proprietor of
that disheveled office with its charlatan science. Don Cleofás went over
to them out of curiosity, since he was a student of humanities and was
somewhat inclined to that line of learning. And as he began to handle
the astrological devices, he heard a sigh issuing from among them.
Thinking that it was just his imagination or some illusion of the night,
he continued to rummage through the notes of Euclid and the
quackery of Copernicus. After he heard the sigh a second time, he
began to think that it was not fantasy but a real sound that had reached
his ears, and he said brazenly, with all the cheek of a brash student:

"Who the devil is doing all that sighing there?"

At that very moment a voice, part human and part otherworldly,
answered:

"It's me, learned Bachelor. I'm here in this bottle, where the astrologer who lives downstairs has been holding me prisoner. Because
he practices a bit of black magic too, and he's been my jailer for two
years now."

"So, are you a familiar?"[25] asked the Student.

"I only wish," came the voice from the bottle, "that one of the familiars of the Holy Inquisition would come in here, and put him in another bottle made of stone and mortar so that I could be let out of this brimstone parrot's cage But you've come just in time to rescue me. Because this fellow that I'm helping with his incantations has been leaving me idle, not using me for anything, and I'm the most mischievous spirit of hell."

Don Cleofás, bursting with daring-do –the prerogative of a student of Alcalá– said to him:

"Are you a run-of-the-mill devil, or are you well known?"

"I'm extremely well known," the bedeviled glass container replied. "The most famous one in both worlds."

"Are you Lucifer?" repeated Don Cleofás.

"He's a devil of duennas and squires," replied the voice.

"Are you Satan?" continued the Student.

"He's a devil of tailors and butchers," the voice again responded.

"Are you Beelzebub?" Don Cleofás asked once more.

And the voice replied: "He's a devil of gamblers, unmarried couples and carters."

"Are you Barrabás, Belial, Astarot?"[26] finished the Student.

"Those are devils who have higher positions," answered the voice. "I'm a lesser devil, although I stick my hand in everywhere. I'm the fleas in hell, gossip, entanglements, usury, trickery. I was the one who brought these dances to the world: the *saraband*, the *déligo*, the *chacona*, the *bullicuzcuz*, the tickling of the *capona*, the *quiriguirigay*, the *zambapalo*, the *mariona*, the *avilipinti*, the *pollo*, the *carretería*, the *hermano Bartolo*, the *carcañal*, the *guineo*, the *colorín colorado*.[27] I invented these entertainments: the *pandorgas*, the *jácaras*, the *papalatas*, the *comos*, the *mortecinas*,[28] puppet shows, acrobatics, mountebanks, prestidigitators. In a word, I'm called the Limping Devil."

"If you'd only told me that at the start," said the Student, "we could

---

25   "Familiar": a demon. Some of the ministers of the Spanish Inquisition were also called "familiars."

26   According to popular tradition in Spain, Barrabás is one of the four great devils of hell, along with Lucifer, Satan and Beelzebub. Belial is mentioned in religious texts as a fallen angel. Astarot is an arch-demon in Kabbalistic texts.

27   Popular dances, many of them with very suggestive movements.

28   These are, apparently, games or tricks. The "pandorga" and the "como" are mentioned as such in the *Diccionario de la Real Academia Española*.

have saved a lot of time. Consider me your servant: I've been wanting to meet you for quite some time. But won't you tell me, Mr. Limping Devil, why you were given this name, so different from the others, when they've all fallen from such a great height that they could all have ended up the same way and with that same name?"

"Oh, Sr. Don Cleofás Leandro Pérez Zambullo, you see I know your name, or all your names," said the Limping One. "For we've been neighbors on account of that lady you've been courting, the one who made the law go chasing after you tonight —and I'll tell you all sorts of wonders about her later on. Anyway, I got this name because I was the first of those that rose up in the celestial rebellion, and I was also the one who fell first. And since the others fell on top of me, they made a hash of me. As a result, I was marked more than all of them by the hand of God and by the feet of all the devils, and so I was branded with this name. But that hasn't made me any less lively in all the actions taking place in the low countries. I've never been left behind in any of their enterprises; instead, I've outshone them all. For on the road to hell, the lame travel like the wind. Even so, I've never had less prestige than I do now, stuck in this vinegar, where my own companions treacherously put me. Because I was sending them all running helter-skelter, as they say in Castile, and from one minute to the next I was pulling the wool over the eyes of the sharpest ones. Now get me out of this glass Algiers[29] and I'll repay you with so many delights, on my word as a devil, because I hold myself a friend of my friend, with all my flaws, both good and bad."

"How do you think," said Don Cleofás, treating him more familiarly[30], "that I can do what you can't —you being such a clever devil?"

"I don't have the power," said the Spirit, "but you do. You're a man who has the benefit of baptism, and you are free of the power of magic spells, such as the pacts that the princes of hellish Guinea have made.[31] Take one of those quadrants and break this bottle to pieces. When I've spilled out, you'll be able to see and touch me."

Don Cleofás was neither hesitant nor lazy, and doing what the Spirit

---

29   A reference to the notorious prison in Algiers.
30   Here Don Cleofás switches from the formal form of address (*vuestra merced* —Your *Grace* or *Sir*) to the familiar form (*tú*) used between friends.
31   An allusion to hell being a land of black inhabitants, like Guinea. [Rodríguez Marín, Francisco. Vélez de Guevara: *El Diablo Cojuelo*. Madrid: Espasa-Calpe, 1960. p. 25]. Further references to this work will be cited by page number and footnote number, e.g. (FRM 25, 18).

had told him, he smashed the glass to smithereens with that instrument of astronomy, flooding the table with the cloudy brine that the Little Devil had been preserved in. And looking down at the floor, he saw a squat little man, holding himself up on two crutches. He was covered with inordinately large lumps, his head was shaped like a squash and his neck like a melon; he was flat nosed, his enormous mouth was shored up with just two tusks because his barren gums had no other molars or teeth; the hairs of his mustache bristled like tigers' whiskers[32]; the hair he was born with was scraggly, one here, another there, like asparagus, a vegetable that hates company so much that unless they're sold in bunches they never get together. Blessed be the watercress: for they are born with their legs intertwined, like neighbors in the Court (pardon the wicked comparison).

Don Cleofás was repelled by the figure, although he needed its help to get out of the attic –that Astrologer's mousetrap that he had fallen into while fleeing the cats pursuing him (begging pardon for the metaphor). So, the Limping One took him by the hand and said: "Come on, Don Cleofás, I want to begin paying you for what I owe to you." And the two of them shot out of the garret as though from a cannon, and they didn't stop flying until they set foot on the steeple of the tower of San Salvador,[33] the highest vantage point in Madrid, at the time its clock was striking one, the hour when everyone was supposed to go to bed and drift slowly off to sleep; a relief from the cares of life, this silence being common to both men and beasts; an act that makes everyone equal; there being a notable hurry to remove shoes and stockings, pants and jackets, skirts, skirt-hoops, undergarments, over-skirts, petticoats and gowns; so that men and women can go to bed, leaving mankind less restrained, and returning them to the original form in which they started out in this world, free from all this schlock. And turning to his comrade, the Limping One said:

"Don Cleofás, this peak in the clouds is the most prominent spot in Madrid (Curses on Menippus[34] in the Dialogues of Lucian), and from here I will show you everything noteworthy that's happening at this hour in this Spanish Babylon (because in confusion, it is much worse than the Biblical one)."

---

32   In the original: "erizados los bigotes como si hubiera barbado en Hircania." In Spanish the tiger is often called "hircano," particularly in poetry. (FRM 26, 16).

33   Church once located on the Calle Mayor (FRM 28, 4).

34   Mennipus (third century BCE), a Greek philosopher and satirist, imitated by Lucian.

And lifting the roofs –or removing the frosting[35]– from the buildings with diabolical art, the heart of the cake of Madrid was clearly uncovered, just as it stood at that moment. And because of the terrible summer heat there were fewer lattice windows and such a variety of rational creepy-crawlers in this ark of the world that, compared to it, the ark of the Biblical Flood was small potatoes.

---

35   The Spanish term *holdrado* refers to "puff pastry," a common cover for pot-pies.

LEAP II

D on Cleofás stood there, swept up in contemplation of that human hodgepodge of so many kinds of hands, feet and heads. And in utter amazement he asked:

"Can there possibly be enough cloth for mattresses and sheets and shirts for all those men, women and children? I would be absolutely astonished if among all the great wonders of divine Providence this might not be the greatest."

Then, to prepare him, the Limping One said:

"This is what is going to happen: in this theater where so many play a role, I am going to start by showing you the most noteworthy ones, one at a time, because their beauty is in their variety. First, look at all those gallants and gentlemen sitting around that overflowing dinner table, waiting to wolf down a midnight meal,[36] because the clocks are the only thing holding them back."

Don Cleofás said to him:

"I recognize all those faces, but not their purses, although that would be a real pleasure."

"They're in the hands of foreigners now, because these Christian princes have treated their purses badly," said the Limping One, "and now they're as useless as an honorary Key to the City."[37]

"Let's leave them to their meal," said Don Cleofás. "For I can assure you that they won't get up from that table until they've arranged for a jousting game at some unholy hour, and let's move on. Because most

---

36   A reference to the practice of Catholics of not eating meat on Fridays. Here they stay
      up until the stroke of midnight to obey the rule, and then they gorge themselves.
37   Literally, an honorary key to the King's chambers.

days I kiss the hands of these magnates, and I travel in these caravans most nights. I was a shameful devotee in the prow of one of them for two months, and I'm thoroughly pickled with these 'Excellencies' and 'Lordships' whose only use is to be venerated."[38]

"Look over there," said the Limping One. "See how that blather-head lawyer is complaining about how much it hurts him to urinate.[39] His beard is so big and thick that it looks like a dolphin sticking its tail out between pillows.[40] And there is Doña Fáfula giving birth, while her despicable consort, Don Toribio, stands around, looking very offi-cious and concerned, as if the newborn were his own child. In the meantime the true author of this work is in an entirely different neigh-borhood, sleeping like a log, snoring and absolutely indifferent to the situation. Now look at that precious of pretties or prettiest of precious boys, asleep there, his mustache covered with mesh, paper rollers in his locks and pompadour, with lotion on his hands, wearing fingerless gloves, and with so much grape juice on his face that it could be used to nosh on all through the season of Lent.[41] Further over, there's an old lady, a great sorceress, mixing together a remedy of astringent drugs so that she can fix a supposed maiden who is to be married tomorrow. And over there, in that narrow little chamber, are two sick men on two beds; they've been given so many enemas together that now they're nearly graduates in that science, and they've gotten up to have a pillow fight to the death over which one has had the most courses run through them. Turn that way and set your eyes on the way that hypocrite is lath-ering herself up in modern fashion, so she can join a great gathering of witches that's taking place between San Sebastián and Fuenterrabía. And I swear that we would be there too if I weren't afraid I might be recognized by a devil that masquerades as a goat.[42] Because I slapped him silly in Lucifer's waiting room on account of a great argument we were having. You see, there's a book for devils about dueling too, the reason being that the author who wrote it is like every other Tom, Dick

---

38   In reference to riding in coaches with the wealthy, and flattering them continually.
39   Perhaps referring indirectly to some painful venereal disease such as syphilis or gonor-rhea.
40   Beards were considered indispensable for lawyers, who customarily trimmed them in the shape of a dolphin's tail. (FRM 33, 6)
41   Those fasting during Lent generally ate only bread and two or three dozen raisins (FRM 36, 1).
42   See Margaret Alice Murray: *The Witch-Cult in Western Europe: A Study in Anthropology* (Oxford UP, 1921), which cites many instances of the devil being reported as in the form of an animal.

and Harry in hell.[43] But there's a lot more to keep us entertained here. Just cast your eyes on those two thieves who have gotten into that rich foreigner's house from a balcony, by using a master key, because picklocks are old-style, and they've come to where that bag is, that's about four feet wide, quilted with 'pieces of eight.' You can see it in the light of that lantern they're carrying. And it's so large that they can't heave it up at one go, because of the noise it would make. So they decide to open it and stuff their purses and trousers with as much as they can, and then come back for the rest some other night. But when they begin to untie it, this foreigner (who has been inside it, guarding his money, because he doesn't trust anybody) sticks his head out and says: 'Gentlemen thieves, we're all here.'[44] And they both fall back, astonished, one to each side, like the village resurrection,[45] and they creep back, to leave the way they came in."

"They would have been better off," said Don Cleofás, "if they had carried off the money in its cocoon, without untying it; then that insolence wouldn't have happened. Because every foreigner is a certified rucksack; and that's all they're good for in our republic and in their own too, for our sins. But who is that rhinoceros dressed like woman? Her bed has got to be too small for her, and her house and all of Madrid too, for that matter! Her snoring is louder than Bermuda,[46] and it looks like she's been drinking storerooms full of pots, and eating barrels of stew."

"She was a huge wine vat,"[47] said the Limping One, "and she didn't take the vows[48] until the present time, when the world is about to explode. And she can be both a drunkard and religious too, being who she is now: that is, a tavern keeper who is so rich, from serving horsemeat for mutton and cat meat for rabbit for the stomachs of those just passing through, that she has six houses in Madrid, and more than twenty thousand ducats invested with merchants along the Puerta de Guadalajara. And with a chapel that she's had built for her burial plot,

---

39   In Spanish: "Es hijo de vecino del infierno" (is the son of a neighbor in Hell). Curiously the two most famous books on dueling at the time were written by the sons of two well-known *conversos*. So "vecino del infierno" might refer to the *converso* father.

44   The foreigner indicates that he is a thief too.

45   A reference to the resurrection of Christ, when an angel descends and rolls back the stone, and the guards fall back in astonishment.

46   The island of Bermuda, with its storms, shipwrecks and clashes with pirates (FRM 38, 12).

47   That is, a drunkard

48   That is, become religious

and two chaplaincies that she's set up, she thinks she's going right straight up to heaven. But even if they hang a pulley from the star of Venus or put a crowbar on the Seven Sisters, I have serious doubts that this barrel will get up there. And since she's gotten so famous, she's resting on her laurels and counting on her luck."

"Right now," said Don Cleofás, "I've got my eyes set on that tall, skinny jerk whose soul is nothing but beef-jerky. I've noticed that he's dressed in the uniform of a military order, and I've seen that insignia that's on the jacket before, at the head of the bed, and that's not the only patch he's wearing. He's sleeping all curled up there like a lamprey meat pie, because the bed is part of a robe and it reaches only just down to his knees."

"That one is a petitioner, and he's too fat and too coddled for the position he has now. Blessed be this Court tavern-keeper who doesn't worry about those things and is the priest of his wine, baptizing it by watering it down in those wineskins and jugs. Right now he's a lost soul in a flood, with a funnel in his hand, and before too many thousand years I expect to see him raised to a knighthood thanks to the birth of some prince or other."

"What else," said Don Cleofás, "if he's a tavern-keeper, and can even inebriate Fortune?"

"Have no fear," said the Limping One, "for the alchemist in that garret is looking into that, with a bellows blowing on a well-lit burner, and on it there's a cauldron with all sorts of ingredients. He's gloating, sure that he'll find the philosopher's stone and make gold. He's had this ambition for ten years now, ever since he read about the art of Raimundo Lulio[49] and other authors of chemistry who talk about this mission impossible."

"The truth of the matter is," said Don Cleofás, "that no one has been able to make gold, unless we count God, and the sun in its own special way."

"That's so," said the Limping One. "We haven't been able to do it. Now turn this way, and let's laugh together at that married couple who are on such friendly terms with their coach that they've spent all the money on it that they had for clothing, shoes and housing. And now it

---

49   Raimundo Lulio (c. 1232–c. 1315), Catalan mystic and poet, was said to have made gold in the tower of London, by order of the king of England. (Referenced in Benito Jerónimo Feijoo: *Obras escogidas*, Nabu Press, 2011, p. 125.)

doesn't even have horses to pull it, and they eat, dine and sleep inside it. They haven't stepped outside even for their bodily needs in the four years they've owned it. They're as much con-coached as they are confined, and they've grown so used to not leaving it that it's like their coach-shell. Like the tortoise and the turtle who poke their head out and then, as if it's unnatural to them, pull right back into their shell. And they take chill and catch cold if they put their foot, leg or hand outside of this cramped way of life. Now I think they're planning to install an attic to enlarge it and rent that out to another two neighbors who are attracted to coaches, and who would be happy to live in its rack."

"Those people," said Don Cleofás, "are sure to go to hell in coach and in soul."

"That would be good penance," replied the Limping One. "But it's a different story with this other poor married fellow who lives in that house farther along there. He hasn't been able to sleep from the moment he went to bed, with an organ in his ear filled with children's voices –soprano, contralto, piccolo and a whole hodge-podge of others that they've invented for crying. And now that he's decided to move a little, his wife has sounded the alarm about her female hysteria, and it's so terrible that there isn't an herb of rue left, or wool or burnt paper, or a bowl smeared with garlic, or cords, or beverages, or vapors, or almost any other blessed thing in the whole neighborhood.[50] And he's had to go out in his shirt-sleeves and with a pain in his side, so I can imagine he's going to get even for his wife's hysteria."

"They're not so wide awake in that house," said Don Cleofás, "where that man is setting up a ladder, and it looks like he's ready to assault the room and the honor of whoever lives there. It's not a good sign, when there are stairs inside, to want to get in from ones on the outside."

"That," said the Limping One, "is where a wealthy, old gentleman lives, and he has a very beautiful daughter who's a virgin. And she's dying to stop being one, with a marquis: he's the one on the ladder. He says he's going to marry her– and that's a role he's played with another ten or twelve women, but he's played that role badly. He won't get what he's after tonight, though, because here comes the watchman, making

---

50   Popular remedies for "female hysteria" in the sixteenth and seventeenth centuries (FRM 43, 6).

his rounds, and it's a very old custom with us to drive a hard bargain with our pleasures. As the saying goes: 'We would rather give you a snub-nosed woman than one with an aquiline nose.'"

"Who's yelling," said Don Cleofás, "in that house farther down? It sounds like they're trumpeting for some demon who's gotten lost."

"It's not me: I've been rescued," said the Limping One. "Unless they're crying out for me from hell because I broke the bottle I was in. But that fellow is a gambler who's played 150 games of cards this evening, and he's in a hell of a rage because he hasn't been paid in even one. And the accusers and accused are leaving, all beaten up, after a fight over a bad call at the table. And they're being calmed down on this other street by the music of a gentleman's servants who are shouting in four-part harmony at a tailor's wife, and the tailor has sworn to stitch them up with his dagger."

"If I were the husband," said Don Cleofás, "I'd think of them more as cats than musicians."

"You're going to think they're greyhounds now," said the Limping One. "Because another competitor for the tailor's wife is coming, along with a gang of six or seven, their swords drawn; and the Orpheuses of the lady of the house, defending the first invasion with guitars, are making a fugue, chasing each other as they scatter along four or five streets. But look over there, and you'll see a nobleman taking off his clothes: he has been wandering around all night long, giving the illusion of being a gentleman in his stomach,[51] much as he does with every other part of his body. When he takes off his wig, he's as bald as he can be. The nose on his face is flat, and when he takes off his false mustache, he doesn't have even one hair on his face. He has a stump for his damaged arm, and he could go to his grave more easily than he could to bed. Then, in that house higher up there's a liar who's having a terrible nightmare, because he's dreaming that he's telling the truth. And over there is a viscount who's dreaming very proudly that he's beaten down a grandee by calling him 'Excellency.'[52] On that side, there's a card-sharp who's dying, and to help him do that a false witness is giving him a deck of cards and telling him it's a papal bull of the Crusades, so that he can die the way he lived, and in his final gasp, while

---

51   He pretends to be a wealthy gentleman when, in fact, he does not have a cent to buy food.
52   The viscount pretends that he is on the same hierarchical level as the grandee.

trying to say 'Jesus,' he'll say 'flush' instead. Further up the way, there's an apothecary mixing gallbladder accretions with senna powder. They're taking a doctor out of his house over there because a bishop has just had an attack of apoplexy. And they're taking a midwife, there, to help a pregnant woman (who's been keeping her condition hidden) give birth, and she's had the god-awful luck to go into labor at this late hour. Over there is Doña Tomasa, your lady, in her underskirts, opening the door for some other man who has heard her love call at this hour."

"Let me at her!" said Don Cleofás. "I'll go down there and kick her head in."

"This is the time to sit tight and take a breath, as they say," remarked the Limping One. "It's not a leap you want to make lightly. You're getting upset over small things. In addition to this lover-bat, there's eighty more that she has spread out over all hours of the day and night."

"By heaven," said Don Cleofás, "and here I thought she was a saint!"

"Never trust in first looks," replied the Little Devil. "And turn your eyes to my Astrologer. He's tossing and turning in his sleep like he's got fleas. He must have heard footsteps in his attic, and he's afraid that someone is making mischief with his bottle. This will bring a smile to your face: Look at his neighbor. While he's snoring to beat the band, those two soldiers are pulling out his wife, like a tooth, and he doesn't hear a thing."

"That's not so bad," said Don Cleofás. "I know about the eighth sleeper in the fable[53], and when he wakes up he'll say he didn't hear a thing either."

"Look at that barber over there," continued the Limping One. "He's walking in his sleep, and he has started cupping his wife, and he's burning her thighs with the cloth. She's screaming, and now he's waking up and consoling her, telling her that this is a good procedure to follow whenever it's necessary. Now take a look at that bunch of

---

[53] Fable of the Seven Sleepers. According to this legend, during the persecution of Christians by the Roman Emperor Decius, seven brothers enclosed themselves in a cave. They woke from a deep sleep nearly two-hundred years later, astounded at how things had changed, including the fact that their money was worthless. [See Edward Gibbon, *Decline and Fall of the Roman Empire*, Vol 3, p. 413; https://books.google.com /books?id:UcAUvs6XDZQC&pg=PA412&lpg=PA412&dq=roman+emperor+decius+ fable&source=bl&ots=enY7ep91CT&sig=efnA6ku0CmN8vlYbgI_D8T8Q1g&hl=en& sa=X&ved=0CC0Q6AEwA2oVChMI34XsgZ71yAIVzTiICh1dKQIt#v=onepage&q= roman%20emperor%20decius%20fable&f=false]

tailors finishing up some wedding garments for a fool who's walking into a marriage, blind, which is the same thing as getting to know about the bride from a written report. And the maiden is an old hag: she's ugly, poor and stupid. But they've made him believe that she's the complete opposite, showing him a portrait that a matchmaker brought along. And at this hour the matchmaker is getting up, along with a pettifogger who lives next door to him: the latter to wear out all the government ministers, and the former to marry off the entire human race. Since you're up here, so high, you're the only one who's safe from this demon, and in a way he's more a devil than I am. Now fix your eyes on that early riser, that fool of a hunter who's saddling up his nag at this early hour, sticking his shotgun under the saddle-blanket. He's giving up his sleep from now until nine o'clock in the morning just so he can go kill a rabbit that would cost him a lot less if he bought it, even if it was from Judas's store.[54] And also notice how they're leaving a baby at the door of that rich miser; and by way of his father the baby could be entitled to the robes of the Antichrist.[55] And the miser, in order of succession, is handing him off to the home of a gentleman who lives next door. And that man looks more like someone who will eat him up before he'll raise him, because for several days now his pantry has been waiting for the Sunday quasi-ration.[56] But now daylight is coming on, and we can't stay here any longer. Whisky and sweets are its first rays[57], and here comes the sun tickling the stars, and these are playing tug-of-war and gilding this pill of a world. They are calling so many purses and rucksacks to arms, and warding off so many pots, pans and tins. And I don't want my efforts to be used to reveal the secrets that were hidden by night. Let the world uncover them through cracks in the walls, skylights and chimneys."

And putting the top back on the cake, they descended to the streets.

---

54   According to tradition, Judas was a storekeeper of the sort who sells their merchandise at exorbitant prices (FRM 49, 12).

55   Rodríguez Marín (FRM 50, 3) deduces that this remark alludes to the baby being the child of a priest since, according to lore, the Antichrist is to be the son of a priest and a nun.

56   Also a reference Quasimodo Sunday, the first Sunday after Easter.

57   A reference to early morning street peddlers.

Leap III

Now the human stew-pot of the Spanish Court was beginning to boil over with men and women, some going up, others down, and still others sideways, doing the dosey doe[58] to the sound of their own confusion. And the rational briny deep of Madrid was becoming strewn with whales on wheels, or to give them another name: coaches. They were getting tangled up in the everyday battle, each one with a different plan and transaction in mind, and each of them attempting to cheat the other. They were raising such a dust-storm of cock-and-bull and downright lies that every living thing they were hawking cost an arm and a leg, and none of it was worth a tinker's damn. Meanwhile, Don Cleofás continued to follow his comrade, who had taken him down a rather narrow street, lined with mirrors from end to end. And many ladies and pretty-boys were looking at themselves, smiling in different ways, primping, simpering, making eyes, stroking a mustache, posing with their arms and legs in different positions, flirting with themselves. Don Cleofás asked him the name of this street, as he didn't believe he had ever seen it in Madrid, and the Limping One answered:

"This is called the street of Postures. The only ones who taste of it are these face-cards from the deck of the Court who come here to fashion the posture that they're going to use that day. And they go out with their paralysis of beauty: some with their mouths pursed, others with sleepy little eyes, snoring their beauty, and all of them holding up their first finger and pinky, or kneeling down to say the *Gloria Patri*.[59] But let's get out of here quick: I have a devil's stomach and I've never

---

58   As in a dance.
59   A hymn of praise to God.

gotten seasick on the waves of hell, but these lowlifes have upset me. They were only born to insult nature[60] and the game of rentoy."[61]

And so they left that street and came to a square where there was a great gathering of old ladies who had once been courtesans, and young women who were just entering that calling, with a good deal of commerce taking place between them. The Student asked his comrade about this place, since he had never seen it before either, and the Devil replied:

"This is the black-market for surnames. Those raisin-ladies trade them with these young-grape-girls for used stockings, old shoes, broad-collars, veils and garters, since they no longer need them. They hand over the Guzmán, Mendoza, Enríquez, Cerda, Cueva, Silva, Castro, Girón, Toledo, Pacheco, Córdova, Manrique de Lara, Osorio, Aragón, Guevara, and other lavish names to those who need them now for the profession they're setting out on. And they are left with their given surnames: Hernández, Martínez, López, Rodríguez, Pérez, González, etc. Because after a thousand years all names go back to their natural course."[62]

"Every day," said the Student, "there are new things in the Court."

And they entered another square on the left hand side, similar to the Herradores Plazuela,[63] where aunts, brothers, cousins and husbands were rented out as footmen and squires to pretend-ladies who want to pass in Madrid for ladies with a good name and to raise the value of their merchandise.

On the right hand side of this slowly moving seminary was a large building, like a temple without an altar. In its center was a large stone baptismal font filled with novels and books of chivalry. And around it were many boys, ranging from ten to seventeen years of age, and a few wenches of the same age, and each of them, male and female, with a sponsor at their side. Don Cleofás asked his companion to explain what this was, for it all seemed like a dream. The Limping One told him:

"This fantastic entourage does have a bit of a dreamlike quality to it. But this is really the baptismal fount for the title of 'esquires', and

---

60   "Insult nature": because they don't look like men or like women.
61   A card game in which players can signal to each other. He means that these people, with their ludicrous gestures, seem to be imitating the card players.
62   Spanish proverb: "Después de los años mil, vuelven las aguas a su carril" (After a thousand years, the waters return to their course). See also Ecclesiastes 1:7 "All the rivers run into the sea; yet the sea *is* not full; unto the place from whence the rivers come, thither they return again."
63   This plaza, where items are put out for rent, still exists today (FRM 56, 22).

this is where people who come to Madrid without that title are baptized.[64] All those boys are pages for gentlemen, and those girls are maidservants for second-rate ladies. They need the title of 'esquire' for authority in the houses where they serve, and now they've just baptized them with that title. Now there's a kitchen-maid coming in over there with a rented dress. Her mistress is bringing her here to remove the esquire title as a baptized name and give her the title of a courtesan of higher standing, so that she can pay in the same coin for what it's cost to raise her. And she even seems to want to revert to mint condition the way she looks, like she's been polished with an emery cloth."

"A ribbon and some false teeth and a hoopskirt can work miracles like that," said Don Cleofás. "But what sort of retinue is this coming in right now, full of all those splendid people, right through the door of this temple that's dedicated to the customs of today?"

"They're bringing," said the Limping One, "a very wealthy councilman to be baptized. He is from a nearby village, and he's seventy years old. He's coming here on foot for the 'Don' because his relatives have told him it's not good to be a councilman without it. His name is Pascual, and they're arguing about whether the title 'Don' goes well with Pascual[65] because it seems like a 'Don' that doesn't really belong to the church of 'Dons.'"[66]

"They already have a model," said Don Cleofás, "in Don Pascual – the one that everybody called crazy. And I call him Diogenes in old clothes, because he wore his cape over his head, he had no hat, and he wandered through the streets dressed like a prophet."

"It seems to me," continued the Limping one, "that they should change his name –since they don't have a councilman Pascual in his village– as a Pascual candle[67] for the councilmen."

"May God inspire them," said Don Cleofás, "to do whatever the Christianity of Councilmen most need for their governance."

"While the Councilman is finishing taking his water of 'Dons', said the Limping One, "an Italian is over there waiting to do the same thing with an elephant that he's brought to display at the Puerta del Sol."

---

64   In this chapter the author mocks how easy it is to obtain a title in Spain in the seventeenth century.
65   Paschal: relating to Easter or Passover.
66   Don: esquire, gift, blessing, grace.
67   The Paschal candle, representing Christ, is lighted during Easter in Western Christianity.

"Most elephants," said the Student, "are called Don Pedro, Don Juan and Don Alonso. I don't know how its keeper (or *mahout*, as they say in India) could have been so careless. This animal must be a commoner since it's coming so late to be made an esquire. By God, I'll have to get rid of it myself, since the ones I see are unbaptizing me and taking away my 'Don'."

"Follow me," said the Limping One, "and don't get in a snit. The 'Don' is fine where it is. With the name Cleofás, it fits you like a glove."

At this point they left the dreamed-up (or so it seemed) building, and opposite it they found another whose façade was painted with rattles, guitars, bagpipes from Zamora, cowbells, sleigh bells, ginebras,[68] shells, shepherds' pipes, a monumental cacophony of life. And Don Cleofás asked his friend what sort of house this was with a display of such a variety of crass instruments on its facade. "This is another one that I've never seen before in Madrid, and it sounds like there's a lot of merry-making and revelry going on inside."

"This is a madhouse," replied the Limping One, "and it was established in Madrid only recently. It's one of the works of devotion that a very rich and very sane man left. It's where they punish and cure acts of madness that hadn't seemed mad until now."

"Let's go in through this little side door that's open," said Don Cleofás, "and take a look at this novelty of madmen."

And quick as a whistle, the two were inside, one after the other. Passing a lobby where some of the convalescents were taking up a collection to help the violent ones, they came to a square patio surrounded by small cells on two levels, each of them housing one of the aforementioned mad men. At the door to one of them was a very well dressed man, seated on a bench and writing on his knee without lifting his eyes from the paper. And he had poked out one of his eyes with his pen without even realizing it. The Limping One said:

"That one is a mad promoter of projects[69] who has gotten it into his head to say that he needs to make a reduction in the military regiments, and he's filled more sheets with notes on the subject than were used in the trial of Don Álvaro de Luna."[70]

---

68   A crude musical instrument.
69   These "promoters" were so numerous that they became a plague in Spain in the sixteenth and seventeenth centuries. They are also mentioned in Cervantes's work *El coloquio de los perros*.
70   Álvaro de Luna (ca. 1390-1453): a favorite of king Juan II. He was involved with saving

"Blessed be whoever brought him to this house," said Don Cleofás. "Because crackpots like him are the worst things in the entire country."

"That fellow in the other cell," continued the Limping One, "is a blind lover. In his hand he's holding a picture of his lady and some papers that she has written to him, as if he could see them or read them. He says that he sees with his ears. In this other cell, filled with papers and books, there's a grammarian who lost his mind trying to find the gerund form of a Greek verb. And the fellow by the door of that other chamber, with saddlebags on his shoulder and wearing white knee breeches, was brought here because he was a coachman who always rode on horseback, and then he took up a position as a messenger on foot. That fellow in the cell up above, who has a falcon resting on his hand, is a gentleman who inherited a fortune from his parents and then spent it all on falconry. And he was reduced to such great hunger that he ate up all his birds, and now he's left with only the falcon that's on his hand. Over there, is the servant of a man who, having enough to eat, set out to be a servant himself. And over there is a dancer who was left without music, and now she dances to silence, high and dry. Further on, there's a historian who went mad with grief over losing three decades of Livy. Further on is a student surrounded by miters: he's trying on each one to see which looks best, because he says he's going to be a bishop. Then in this other chamber there's a lawyer who was so vain that he set up his own clothing shop, and he went from being a lawyer to being a tailor, and now he's always cutting and sewing robes for judges. In this other cell, there's a rich miser sitting on a chest full of doubloons that's locked with three keys. He has no children or relatives that he can give his inheritance to, so he's having an awful life, being a slave to his money, eating nothing but cut-rate pie and dining on bargain-basement salad, while he's a prisoner of his own wealth. That one, twittering in the other cage, is a mockingbird-singer who mimics all the birds, and finishes each song with a fever pitch. He's been put in this jail of mad delinquents because he was always singing, and then when they begged him to sing, he would refuse."

"That sort of insolence is typical of almost everyone in that profession."

---

the king from dissident factions who attempted to control the throne. Under the influence of the king's wife, Isabel de Portugal, Álvaro de Luna was arrested and publicly executed.

"At the parapet of that well in the middle of the patio there's a lady who is always looking at herself. She is very beautiful, as you'll see if she raises her head. She's the daughter of poor, humble parents, and there were many wealthy men and noblemen who wanted to marry her. But she wasn't satisfied with any of them: she found one fault or another with them all. So she's chained there because, like Narcissus, she's in love with her own beauty, and the chain is to stop her from drowning in that water which serves as her mirror, where she cannot be outshone by either the sun or the stars. In that poor little cell in front, with flames painted on its outer walls, there's a married devil who's been driven mad by his wife's disposition."

Then Don Cleofás said to his companion who was showing him all this tableau of misery:

"Let's get out of here before they shut us in for some madness that we're not even aware of. Because in this world of ours we're all mad: we're driven mad by each other."

The Limping One said:

"I'll take your advice, because since even devils go crazy, no one should trust himself."

"Ever since that first act of arrogance of yours," said Don Cleofás, "you've all been that way. Hell is the home of all the wildest madmen in the world."

"You're a sharp fellow," said the Limping One. "Your words are the absolute truth."

On this note, they left that house, and they came to a rather long street on their right, adorned with coffins here and there, while some sacristans with surplices walked around next to them. There were also many gravediggers opening up a number of tombs. Then Don Cleofás said to his companion:

"What kind of street is this? To me it's more astonishing than any of the others I've seen, and it's enough to make me speak even more spiritually than you did at the first thing that ever astonished you."

"This one is more modern, and more a part of this century than any other," said the Limping One. "It's the most indispensable one, too, because it's the shopping place for grandparents' clothes. It's for anybody who needs grandparents' clothes to dress up in, for any ceremony tendered to him for noble deeds, in case his own clothes aren't suitable or are worn out. He can come here, and with his money he can choose the one that suits him best. Look over there at that third-rate nobleman trying on a granny's suit of clothing that he needs. And this other one, this son of whoever he wants to be, is putting on another grandaddy's suit, and it's too long for him. That other fellow, further over, is exchanging his own grandpa's suit for a different one, and tossing in extra money to boot. But he hasn't been able to close the deal because it cost the sacristan –who is the clothier– even more. This fellow on the other side has come to turn a grandpa's suit of his own inside out and backside forward, and to mend it with somebody else's granny clothes. Now here comes another one with a constable to make them give back a grand-daddy's suit that they stole, and that he found hanging in the clothing shop. If you should need a grandfather's or grandmother's suit as a sign of your worthiness, we're just in time, Don Cleofás Leandro. Because there's a clothier friend of mine here who undresses dead people the very night they bury them, and he'll loan it to you for as long as you want."

"I need money," replied the Student, "but not grandparents. I have plenty of my own. My parents told me that I descend from the brave Leander who crossed the sea at Abydos[71]:

'*burning in amorous fire*'[72]

and I have my letters patent[73] in some works of Boscán[74] and Garcilaso."

"There's no amount of oblivion or any chicanery that can hold up against nobility in verse," said the Little Devil. "And a person could want nothing more in this world than to be a nobleman in poetry."

"If I were to be given an insignia of that sort," went on Don Cleofás, "I would like to carry out my duties with Salicio and Nemoroso,[75] and it wouldn't cost me one red cent. For it's there that I have my Montaña, my Galicia, my Biscay and my Asturias."

"Let's leave these vanities aside for now," said the Limping One, "because I know that you are very well born in verse and prose. And let's go looking for some greasy spoon where we can eat and rest, for you must need it after the way you spent last night and this morning. And then we can go on with our adventures."

---

71   From the Greek myth of Leander, who swam across the Hellespont each night to be with his lover Hero.

72   From a poem by the Spanish poet Garcilaso de la Vega (1501-1536).

73   The Student's name is "Cleofás *Leandro*" (or Leander).

74   Juan Boscán Almogávar (*c.* 1490–1542), Spanish poet.

75   Shepherds in a poem by Garcilaso de la Vega.

LEAP IV

L et us leave these gentlemen resting and eating in their greasy spoon where, having no money, they could only ask for pigs that fly. And now let us return to our pedigreed astrologer and grafted necromancer, who had gotten dressed, thinking he heard steps in the attic the night before. And when he went up, he found the mess his demon had made by breaking the flask, his papers all wet, and the Spirit gone. Seeing the devastation and the absence of his blasted Devil, he began to pull out his hair and his beard, and tear apart his clothing like kings of old. And as he was going to these extremes, and wailing, a left-handed beastly looking devil, one of the grooms of Satan's chamber pot came in, and said that his master Satan sends his greetings; that he had taken note of the dirty trick that the Limping One had played, and he would make certain that that devil would be punished. In the meanwhile, this devil would serve him, taking his place. The Astrologer thanked him profusely for his thoughtfulness, and locked this spirit inside a large topaz ring that he had on his finger, which once belonged to a doctor who, wearing it, had killed all those whose pulse he had taken. In the meantime, in hell, the most important judges of the borough gathered in a plenary chamber. And proclaiming the charges against the Limping One to all present, they ordered that a summons be issued to take him into custody wherever they should happen to find him. And this commission was given to Cienllamas, a commissioner-devil who had successfully carried out others that he had been charged with. And taking along as bailiffs Chispa and Redina, who were long-distance devils, they climbed up on Liñán's mule,[76] and flew out of hell, holding aloft the staff of justice, in search of the miscreant.

---

76   Liñán's mule: although this term has puzzled many critics, it may refer to the air (FRM 71, 4).

At this same time, the rebellious Little Devil and Don Cleofás had just gotten into an argument with the Owner of the Soup-kitchen regarding the bill for their meal. And the grill-cooks and bakers put in their two-cents worth, because anything that involves the devil will go to the devil. And with the law coming up on the disturbance, they jumped out a window. So when the Court sheriff burst in on the scene with his men to arrest them, they were already on the other side of Getafe,[77] on their way to Toledo, and a minute later they were at the roadhouses of Torrejón, and in the blink of an eye within sight of the gateway of Visagra. On their right hand side they left behind the majestic masonry of the hospital's exterior, and the Student turned to his comrade and said:

"You know some pretty shortcuts. Bad luck to anyone who doesn't travel all over the world with you. It's sure to be better than going with Don Pedro of Portugal[78] who journeyed over all seven parts[79] of it."

"We are cunning people," replied the Limping One.

And as they were talking about this, they came to the neighborhood called "Sangre de Cristo," and to the Sevillian Inn, which is the best one in the city. The Limping One then said to the Student:

"This is a very good inn where you can spend this evening and rest up from last night. Go inside and ask for a room, and tell them to fix you something to eat. I need to go to Constantinople this evening and create a stir in the harem of the Great Sultan, and behead twelve or thirteen of his brothers, because I'm afraid they're conspiring to take over the Crown. Then I'll come back through the Cantons of Switzerland and through Geneva to carry out other errands of this sort. I need to pay off my master with a few kindnesses like these because he must be very put out with me for the mischief I've made. But I'll be back with you before seven in the morning."

No sooner said than done: he was in the air as quickly as through a plucked vineyard, outdoing every bird and citizen of the ethereal region, as frivolous writers would say. Then Don Cleofás went inside to find lodging. And although it was full of many travelers who had arrived on galleons and were on their way to the Court, they were still

---

77 City to the south of Madrid.

78 Portuguese prince (1392-1449), well-known for his travels. He is the subject of the *Book of Prince Don Pedro of Portugal who Traveled the Four Parts of the World* (1547).

79 "Seven parts": The wording may indicate the influence of the law code of thirteenth-century Spain *Las siete partidas (The Seven Divisions)*.

very courteous and made room for the new guest. Because Don Cleofás was a figure who brought letters of recommendation[80] with him, as the old courtiers would say.

Some soldiers invited him to dine with them that evening, and asked him for news of Madrid. And after ending by toasting the King (God keep him), and also their own ladies and friends, they finished with a dessert of olives with toothpicks. Then they each went to their rooms to retire because they needed to get up at dawn in order to reach Madrid early; and Don Cleofás did the same in the room the Host indicated, while somehow missing the presence of his companion who had kept him so well entertained. And mumbling into his pillow, he finally lay still as a little bird, with the Sevillian inn, like the rest of the world, swearing to the silence of the shadows their natural fealty to sleep, with only the whooping cranes, the bats and the owls keeping watch. Then, at two o'clock in the morning, a frightened voice began to cry out: "Fire, fire!" All the sleeping travelers awoke, startled and bewildered, as any sleeper would be at such an outcry. And it was even worse when they heard the word "Fire!" –a sound that would strike fear into even the steadiest of hearts. Some came rolling down the stairs in order to get to the bottom faster, while others jumped out the windows and fell down to the patio of the inn. Yet others, because of the fleas or because they were afraid of bedbugs, were sleeping in their skins, like vinegar: second rate Adams. And they were using their hands to cover the places where fig leaves should be. Following them and going along with them was Don Cleofás, with his underpants wrapped around his arm and wielding a wooden rail that, since he couldn't locate his sword, he must have found in his room. As though, in a fire or with ghosts, it would do any good to go around beating with a club or slashing with a knife, which is a natural defensive tool when you're frightened by a sudden intruder.

Meanwhile, the Host came out in his shirtsleeves, his feet in pastry-pies[81] from Fregenal, a dark-red corset around his belly, and a candleholder in his hand. He was telling everyone to calm down, that all the noise was nothing to worry about, everyone should go back to bed and he would take care of it. Don Cleofás, wanting to know all about it, pressed him to tell what had caused the outcry, saying that he would

---

80   A reference to his fine appearance.
81   Or "leather shoes." Fregenal de la Sierra was famous for its leather (FRM 77, 20).

not go back to his bed until he had unraveled the mystery. The Host told him very soberly that it was a student from Madrid who had come to stay at the inn two or three months earlier, and that he was a poet – the sort who writes plays. He had written two, and they were hooted off the stage in Toledo, and a hail of bricks had been thrown. And now he was finishing the drama, *The Burning of Troy*. He had undoubtedly reached the part where the fire is burning, and he had been so swept up by what he was writing that he had uttered those cries. Similar things had happened in the past, and he was absolutely certain that this was the truth of the matter. And as proof, they should go up to his room with him, and they would see for themselves that he was right.

They all followed the Host, just as they were. And when they went into this Poet's room, they found him stretched out on the floor, his robe torn half apart, wallowing in papers and frothing at the mouth, and calling out faintly, "Fire, fire!," barely able to speak, since his voice had become as silent as a nun in a cloister. They all went over to him, dying with laughter, and filled with pity they said:

"Mr. Bachelor, come to your senses. Would you like something to eat or drink, to help you recover from this fainting spell?"

Then the Poet, lifting his head as well as he could, said:

"If it is Aeneas and Anchises, with the Penates and the beloved Ascanius, what are you doing waiting here? For Ilion has burned to ashes, and Priam, Paris and Polyxena, Hecuba and Andromache have given the inevitable tribute to death. And to Helen, the cause of such harm, Menelaus and Agamemnon carry their prey. And worst of all, the Myrmidons have carried off the treasure of Troy."[82]

"Come to your senses," said the Host. "There aren't any Almidons or Almonds around here, or any of that other outrageous nonsense you're blathering about. The best thing would be to take him to the lunatic asylum in Toledo –where he could very well be the overseer of madmen– and they could try to cure him there. All those rhymes have

---

82   In Greek mythology, Aeneas was the son of the prince Anchises and the goddess Aphrodite. The Penates were household gods of the Romans. In Roman legend, Ascanius was the son of Aeneas. Ilion was the Greek name for Troy. Priam, in Greek mythology, was the last king of Troy; Paris was the son of King Priam; Polyxena was Priam's daughter; Hecuba was Priam's wife. Andromache, in Greek legend, was the wife of Hector (another son of King Priam). Helen, in Greek legend, was the most beautiful woman of Greece, and indirectly the cause of the Trojan War; Menelaus was the king of Sparta, and husband of Helen; Agamemnon was the brother of Menelaus and commander in chief of the Greek forces. The Myrmidons, in classical mythology, were people of ancient Thessaly who were led by Achilles in the Trojan War.

gone to his head like sunstroke."

"How wonderfully our esteemed Host understands feelings!" replied the Poet, sitting up a bit more.

"I don't want to know anything about feelings or fiddles either," said the Host. "I'm only concerned with my business. What matters is that you pay me tomorrow what you owe for your lodging, and then you can go to blazes. I don't want anyone here who's going to create a ruckus every day with this kind of lunacy. What you've done already is bad enough. When you first got here, you started out writing that drama, *The Marquis of Mantua*. It went belly up and was hooted at, and there were so many cries about hunting and so much shouting going on, calling the dogs Prompter, Olive, Grasshopper, Ventilator, etcetera. And that 'Cut him off, cut him off!' And 'Watch out for the bristly bear and the long-fanged wild boar.' Why, a pregnant woman on her way from Andalusia to Madrid was so startled that she miscarried! And then there was *The Sacking of Rome*: that was awful too, the racket from the snare drums and trumpets was so great that the doors and windows of our inn burst apart at such an unheard of time as this present one. And that: 'Close in, Spain!' And: 'Santiago, at them.'[83] And with the sounds of artillery coming out of his mouth, as if he had gone to school with explosives or been brought up with the guns of Malta. The noise was so loud that it fooled a company of infantry who were staying here that night. And crying out the call to arms, the soldiers were about to rip each other to pieces in the dark. With all that racket going on, half of Toledo came running over with the officers of the law, tearing down my doors, and threatening to rip the place all to hell. He's a whooping-crane poet who's always awake, and he's constantly finding rhymes at all hours of the day and night."

Then the Poet said:

"There would be an even greater uproar were I to finish that drama, two acts of which you are holding as security for what I owe you. I'm calling it *The Darkness of Palestine*, and in the third act the veil of the Temple is torn apart, and the sun and moon are plunged into darkness, and stones come falling down on one another, and the entire celestial fabric comes crashing down, amid thunder and lightning, comets and

---

83   "Cierra, España," "Santiago y a ellos" is from the Spanish war cry ("Santiago y cierra, España), given during the Christian *Reconquista* (reconquest) of Spain, after it had been invaded by the Muslims in 711. Santiago refers to St. James, the patron saint of Spain.

shooting stars, in trembling for their Maker. And I haven't finished it because I didn't know what names to give to the executioners. Oh, please tell me, Host, sir, what should they be?

"Go on," said the Flophouse-keeper, "and finish it at Calvary. But wherever you write or have it performed, there will be no lack of people to crucify you with cat-calls, rotten tomatoes, or other such muck."

"Rather, authors will come back to life with my dramas," said the Poet. "And so that you all will know how true this is, and will admire the style of everything I write, since you have arisen at such an opportune time, I want to read this one to you."

And in a trice, he took up a poem written on old scrolls whose bulk was so great that it resembled someone's last will and testament more than it did a drama. And arching his eyebrow and stroking his mustache, he said, as he read the title, the following:

"*The Tragedy of Troy, Wiles of Sinon, Trojan Horse, Adulterous Lovers and Wicked Kings*. First, without any noise, the Trojan Palladium enters through the patio with at least four thousand Greeks inside, armed to the hilt."

"What!" said one of the soldiers standing there, bare-naked, looking like he was about to take a bath in the drama. "How could a machine that big fit in any patio or in any one of the hundreds of coliseums we have Spain? Or into the Buen Retiro Palace,[84] which is an affront to Roman amphitheaters, or even into a bullring?"

"Easily!" answered the Poet. "We'll tear down the theater and two adjoining streets so that the piece of machinery —which is the newest and most phenomenal thing ever seen in a theater— will fit. It's not every day that a drama like this one is mounted, and it will be so profitable that its expenses will be borne swimmingly. But listen: the play is about to begin, so pay attention, please. With all kinds of noise from hornpipes and kettledrums there come out on stage Priam, the king of Troy, and Paris, the prince, and in the middle is Helen, very dashing, on a palfrey. The King is on the right hand side (I always keep decorum with royalty this way). And then, behind them, also mounted on black palfreys, come eleven-thousand duennas."[85]

"That action would be harder to stage than the other one," said one

---

84   Large palace built in Madrid during the seventeenth century by order of Felipe IV.
85   Duenna (Dueña): head housekeeper, or chaperon of young ladies.

of the listeners. "Because it would be impossible to find so many duennas together."

"Some of them will be made of plaster," said the Poet, "and the others will be scattered around here and there. And besides, if it's held in the Court, what lady wouldn't want to lend her duennas to such an important thing, and be free of such tiresome vermin for those days when the play is being performed –which will be seven or eight months, at least?"

The listeners nearly fell down laughing, and their guffaws at the idiocies of this Poet went on for half an hour. And he continued, saying:

"You shouldn't laugh. If God provides me with his rhymes, I shall fill the world with my dramas. And Lope de Vega[86] (the prodigious wonder of Spain and new Tostado[87] in verse) will be a tit-sucking baby compared to me. And then I'll go into seclusion to write a heroic poem for posterity, that my children or my descendants will inherit, so that they will have rhymes to chew on all their lives long. And now, everybody listen..." He made the motions of beginning to recite (raising his right hand) the lines of the drama. But everyone told him, all at the same time, to leave it for when there was more time. And the indignant Host, who knew next to nothing about refinement, warned him again that he could not stay one more day at the inn.

The shirtless group of gentlemen and soldiers set themselves to interceding with the Host in the matter. And Don Cleofás, using a copy of the *Arte Poética* of Rengifo,[88] which was scattered among the other piles on the floor, made the poet swear, with his hands placed on the rhymes, that he would not write any more noisy dramas, and would write only plays of manners and intrigue. So the Host was left satisfied, and everyone went back to their beds. And the Poet, fully dressed and holding his drama in his hand, was left lying on his own bed, so stunned that he warranted he would snore alongside the Seven Sleepers of Ephesus, at the risk of his money being worthless when he awoke.[89]

---

86   Lope de Vega (1562–1635): One of the great poets and dramatists of Spain's Golden Age.

87   Alfonso de Madrigal (El Tostado) (1400-1455). Bishop of Avila, and a prolific writer of prose.

88   *Arte poética española*. A book on versification attributed to Juan Díaz Rengifo (1553-1615) (FRM 85,3).

89   See footnote 53.

Leap V

In a few short hours the temporary guests got up again, and the permanent Host settled the accounts with them for the previous night. They were stretching and yawning from being woken up by the poet in the middle of the night. And they made ready to start on their way, the stable boys saddling up the mules and putting on the bits, to the music of seguidillas and jácaras. They were toasting each other with wine and jibes, polishing them off with snuff or smoking tobacco, when Don Cleofás also woke up and began to get dressed, still feeling melancholy about the absence of his lady, because bad relationships with women sometimes rouse one's desire even more. And before eight o'clock, as promised, his comrade came into the room, dressed in Turkish style, with a milhafa and turban, as certain proof that he had come from that country. And he said:

"Have I been gone long on my journey, Mr. Licentiate?"

And he replied with a smile:

"It took you less time to get from heaven to hell, even though it was a greater distance, when you fell headlong with all those princes who haven't been able to climb back up the rope from where they fell."

"So, Don Cleofás," replied the Limping One, "a stab in the back, as they say in Castile, eh? Very good, very good."

"There are very few who would take a jibe like that so lightly," answered the Student. "But I say it in good humor as we're the best of friends. But aside from this, how did things go in those places you visited?"

"I did everything I intended to, and even more," answered the recently returned Janissary.[90] "And those good people could even swear

---

90   Soldier of an elite corps of Turkish troops.

me in as the Great Turk. I swear that they keep their word, and are more truthful and are truer friends than you Christians."

"How quickly you took a liking to them!" said Don Cleofás. "You must have a bit of lower-class devil in you."

"That's not possible," answered the Limping one. "We all descend from the most noble and lofty Highland[91] in heaven and on earth. And although we may be old-time cobblers, since we're highlanders we're all noblemen. Because many nobles are born, like beetles and mice, from rot."

"I can certainly see that you know Philosophy," Don Cleofás told him, "better than if you had studied it at the University of Alcalá, and you're a true master of it. But leaving these digressions aside, tell me about your journey."

"While wearing these clothes of that country, as you see," answered the Little Devil, "to dirty them all, like a certain friend of mine who, to get them really filthy, dirtied his clothes as a soldier, a wanderer and a student, I returned through the Swiss cantons, through Valtellina and Geneva, and there was nothing for me to do in those countries because their citizens bedevil themselves. And this is the most certain inheritance that we have in hell, after the Indies. I went to Venice to see a settlement so extraordinary that it's built on water, and it is such a natural-born vessel of mortar and masonry that, as it rests on the Mediterranean Sea, it turns to any wind that blows on it. I was in the Piazza San Marco this morning, talking with the servants of some nobles. We were discussing the rumors about the war. I told them that it was known in Constantinople, through some spies in Spain, that they are making great preparations for it. And these are so spectacular that even the dead have risen up from their graves at the sound of drums, to help carry it out. And some even say that the Duke of Osuna[92] has come back to life to join them. These words had barely left my mouth when I hurried off in order to lose no time in carrying out my errands. And having left behind the Adriatic bay, I slurped up the March of Ancona, and going through the land of Romania, I left Rome on the left-hand side because even we devils venerate its people through the head of the militant Church. I passed through Florence to Milan, which isn't worth two farthings with

---

91   Montaña – region in the north of Spain. A certain refrain ("Montañés, hidalgo es") says that all people from this region believe they are noblemen (FRM 89, 15).

92   Pedro Girón (1574-1624), Spanish viceroy of Sicily and of Naples.

its castle. I saw beautiful Genoa, the rucksack of the world, full of novelties, and in the blink of an eye I touched on Vinaroz and Los Alfaques, passing León and Narbonne. I reached Valencia, which was jousting with spring, I plunged into La Mancha, which no cleanser can take out.[93] I went into Madrid, where I learned that some relatives of your lady were out looking for you in order to kill you, saying that you had ruined her reputation. But the worst thing of all is what Zancadilla, the spy devil of hell and overseer of temptations, blabbed to me: that Cienllamas is out looking for me and bringing a summons. It's my belief that to avoid both these dangers, we need to make ourselves scarce. Let's go to Andalusia: it's the largest place on earth. And since I'll pay your expenses, you have nothing to fear. As the poem says:

'I'll spend the winter in Seville,
And summertime in Granada.'[94]

And there will be no place there that we won't set our boots."

And turning to the window that looked out onto the street, he said:

"'I make you into a door of this inn.' Come on now; follow me through it, Don Cleofás. We'll go and eat at the inn of Darazután, in the Sierra Morena, twenty-two or twenty-three leagues from here."

"That won't matter, since you're still an ambling devil," said Don Cleofás, "even if you are lame."

And with these words, the two of them went out the window, launching themselves like arrows. From the doorway, the Host, seeing the Student up in the air, called out to him, asking him to pay for his lodging. And Don Cleofás answered that he would take care of it on his way back from Andalusia. The Host, thinking this was all a dream, turned back and making a sign of the cross, he said:

"I wish to God the Poet would leave me the same way this one is going, even if he carried along my bed and everything else tied to his tail."

At this moment, the Limping One and Don Cleofás spotted the inn they were looking for, and alighting from the air, they went inside. They asked for something to eat, but the Innkeeper told them that all he had left was a rabbit and a little partridge that were keeping themselves entertained on the spit over the fire.

"Well, put them on a plate, Mr. Innkeeper," said Don Cleofás,

---

93   La Mancha, an area in central Spain; "mancha", a term denoting a stain.
94   From the *Entremés y baile del Invierno y el Verano* by Luis de Benavente (1581-1651).

"along with some sauce. And set the table for us with bread, wine and a salt shaker."

The Innkeeper replied that he would do that gladly. But they would have to wait until some foreigners finished eating, because the only table in the inn was the one where they were just now. And Don Cleofás said:

"So that we won't have to wait, if these gentlemen will permit us, we could all eat together. Since they're riding on the saddle, we can ride on the croup."

And as he was saying this, the two of them sat down. And the Innkeeper brought them the dishes they had asked for, along with everything else. Then they began to eat in the company of the foreigners: one of them a Frenchman, another English, another Italian, and yet another a German. These had already stitched the meal up one side and down the other very quickly, with toasts of white wine and claret, and their heads were listing to one side, showing signs of vomiting and stormy weather; they were so "foxed" to the gills that the Innkeeper's entire henhouse could have been running around, squawking. The Italian asked Don Cleofás where he was coming from, and he replied from Madrid. The Italian then said:

"What's the news of war, Mr. Spaniard?"

Don Cleofás answered:

"Right now, war is all there is."

"And who do they say it's against?" put in the Frenchman.

"Against the entire world," replied Don Cleofás, "so it can all be placed at the foot of the King of Spain."

"Well, I swear," replied the Frenchman, "that before the King of Spain…"

And before the Froggy could finish, Don Cleofás said:

"The King of Spain …"

And the Limping One held him back, saying:

"Allow me to answer, Don Cleofás, for I am a sworn Spaniard, and true-blue friend of my companion. I'll sing the praises of the King of Spain, to shut the mouths of these drunks. If they would read the histories of Spain, they would find that the King of Castile is known for driving out demons, which is a more wonderful sort of surgery than curing scrofula."[95]

---

95   The supposed healing abilities of the kings of Spain and Italy were, at one time, leg-

When they saw that the Spaniard was no longer speaking, the foreigners smirked behind their fingers. Then the Limping One seated himself more comfortably, ready to hold forth. Now wearing Spanish clothing, since he had left his Turkish garments to the care of the four winds, he said to them:

"Gentlemen, my comrade was going to answer you, but as I am his senior in years, it falls to me to speak. So please listen carefully. The King of Spain is an exceedingly magnanimous greyhound who might be walking down a street alone, and every mongrel around will come out yapping. And he pays no attention to any of them until there are so many that, as he turns a corner, one of them, thinking it's an act of submission and not disdain, dares to kiss his tail. Then this greyhound turns, and giving one whack to this group, and another whack to that group, he sends them all scurrying away so fast that they don't know where to put themselves. And the street is swept so clear of mongrels, and it's so quiet, they don't even dare bark; they can only chew on the stones in fury. This is what always happens to contrarian kings, and to lordships and potentates: they are all mongrels next to his Catholic Majesty. But any one of them that dares to kiss his tail needs to beware. He will come away with a whack that will be a lesson to all the others, and they won't know where to hide themselves, running away from him."

The foreigners began to grumble, and the Frenchman said:

"Oh, you pervert, you Spanish dog!"

And the Italian:

"You stinker you Spanish Jew pig!"

And the Englishman:

"Nites gut Spaniard!"[96]

It was the German's turn, and he indicated that he was happy to let the others speak for him in these proceedings.

Don Cleofás saw them bickering and spitting out wine and heresy against what his comrade had said, and he was not accustomed to suffer slights lightly. So, in accordance with the refrain "he who strikes first

---

endary. Friar Benito Jerónimo Feijóo y Montenegro (1676–1764), in his work *Cartas eruditas y curiosas,* decries authors who proclaim the curative powers of the king of France (who was said to be able to cure scrofula) and the king of Spain (who was said to drive out demons). http://filosofia.org/bjf/bjfc125.htm

96   Here the author gives the Englishman a quasi-Germanic figure of speech: "Nicht gut", or "No good."

strikes twice," he lifted up the bench the two of them had been sitting on, and went after them. His companion took the lead, holding up his crutches and wielding them so well that he flung the Frenchman all the way to the roof of another inn three leagues distant. And the Italian he sent flying to a privy in Ciudad Real, so that he could die where they sin.[97] Then he threw the Englishman all the way to a farmer's house in Adamuz and headfirst into a pot of water they had boiling to skin a pig. The German, who thought he was going to fall flat on his face at the feet of Don Cleofás, was sent back to the port of Santa María, the place he had started from two weeks earlier, to sleep it off. The Innkeeper wanted to butt in, and they sent him off to the middle of Peralbillo, into that smoked beef of Gestas.[98]

Then they sat down again to eat at their leisure what their enemies had left behind. As they were finishing off their meal, some mule drivers came into the inn, calling out for the Host, and asking for wine. And behind them in the same coach came a company of actors who were on their way to the Court from Córdoba, and who had stopped at the inn for some refreshments. The ladies came along on side-saddles, wearing capes, feathered hats, and little masks that covered their faces. Their clogs were decorated with silver, and hung from the backs of the seats. The men had large traveling bags with no cushions, while others had neither bags nor cushions, but used folded capes underneath. Their hats had broad ruffs; and behind were their knapsacks. Then came the musicians, their guitars in cases in front of the saddlebows; some had only one stirrup, while others were simply eunuchs;[99] and they had serving boys at their haunches. Some had spurs over their shoes and stockings; others wore boots with kneepads but had no spurs. Some had sticks to prod their horses and also the mounts of the women. Most of the men had Valencian names, while the names of the actresses were either Mariana or Ana María, and were pronounced emphatically, in accordance with the tone of the play. As they entered the inn, their conversation was mainly about how they were a smash in Lisbon, how they had staggered Córdoba and created a riot in Seville, and nearly cleared

---

97   According to Francisco Rodríguez Marín (FRM 100, 5), this is an allusion to the pervasiveness of homosexuality in renaissance Italy.

98   Peralbillo, a town near Ciudad Real, where the Holy Brotherhood (Santa Hermandad) executed evildoers. The "smoked beef" refers to the piles of dead bodies. Gestas is the name of the Biblical impenitent thief in the apocryphal Gospel of Nicodemus.

99   The original carries a pun: "algunos de ellos ciclanes de estribos, o otros eunucos" (Some of them with but one testicle as stirrups, and others eunuchs).

out Madrid. Because with only the prologue at the beginning, by a
stagehand from Écija, they demolished every author who came to the
Court. At the same time they were getting off their horses, and the men
very carefully took their women in their arms to help them dismount.
And they were all calling out to the Host:

"and he of nothing was concerned"[100]

The lead actress sat on a small mat that they spread for her on the
floor, and the other princesses sat around her. The lead actor walked
around, asking for praises from everyone, like the shepherd of his
flock. And the Limping One said:

"With this director, I am in mortal sin as far as my comrades are
concerned."

"Why?' asked Don Cleofás.

"Because he's the worst actor in the world," replied the Little Devil,
"and he always plays the role of devils in the dramas of Corpus Cristi.
He's preparing to be a real devil, and to play that role in hell, if they
would stage dramas there. Because these show-business people put on
some dramas that are terrible, even for hell."

"I spotted one here," said Don Cleofás, "with his other friends, and
I wanted to mark his face, because in Alcalá he flirted with a young
maiden, a wench of mine, who fell in love with him when she saw him
play the role of the King of Denmark."

"That young maiden," said the Limping One, "must have been
from over there.[101] But," he continued, "if you want to see how the two
of us can take revenge on the Director and on the Actor, just wait, and
you'll find out what kind of plan I'm going to hatch. Because right now
they're going to hand out a drama that they are supposed to perform
in Madrid. Now watch what happens in connection with the roles
they're going to play."

At the very moment that the Limping One was saying this, the
Company's prompter took the script of a drama by Claramonte[102] out
of a saddlebag. It was one he had copied in Adamuz during the short
time they stayed there. And he said to the Director:

---

100   Song from the Spanish *Romancero*: "Nero of Tarpeya looks out/ On Rome, oh how it
       burned./ Children and old all lay dying./ And he of nothing was concerned."

101   An ironic allusion to Oriana, the lover of Amadís. In the novel *Amadís de Gaula*, by
       Garci Rodríguez de Montalvo (ca. 1450–1504), she is often called the "Young Maiden
       of Denmark" (FRM 104, 21).

102   Andrés de Claramonte y Corroy (ca. 1580-1626), a writer and actor from Murcia (FRM
       105, 7).

"We should give out the roles while our meal is being prepared, and while we wait for the Host to come."

The Director agreed because he let himself be controlled by this Prompter –a man who had a very important supervisorial position in the drama, who had studied in Salamanca, and whom they snidely called the Philosopher. And he gave the role of second lady to Ana María, the wife of the man who sang baritone and who danced on days of Corpus Cristi, since he had already given the role of first lady to Mariana, the wife of the man who took in the money and who also worked the stage machinery. But she tossed it aside and said she wanted her share of the leading role, that he always gave her the role of second lady, and that she could show all the ladies in the play how to act. Because she had acted with the greatest actresses in the world; and in the world of the stage she was called Amarilis, the second one given this name.[103] The other woman said, as far as acting was concerned, the first woman couldn't touch her with a ten-foot pole. Then the first woman replied, saying, how did she ever get up on her high horse, when everyone knows that in Seville she had to borrow the petticoats to play the role of Dido in the great play by Guillén de Castro,[104] and that she made a disaster of the play, with the company being hooted off the stage?

"You were the one who was hooted off," said the other woman, "you and your ham-handedness."

And they laid into each other and began cursing so loudly that it fell to the husbands to step in. Drawing their swords, the men began to put on a jousting scene, while the mule-drivers tried to quiet them down with the bridles they had just removed. And Don Cleofás and the Limping One left them to their battle. They slipped out of the inn and proceeded on their way to Andalusia, leaving behind the furious company of actors, who were slashing at each other in what would have been a parody of the battle of Roncesvalles[105] if the Innkeeper had not arrived just then, with the Holy Brotherhood. And these men had come, looking for the two who had just left, to arrest them. They were

---

103   Amarilis, the name by which the famous seventeenth century actress María de Córdoba (ca. 1597-1678) was known.

104   Guillén de Castro (1569–1631), dramatist of Spain's Golden Age. The drama is *Dido y Eneas*.

105   Refers to the defeat of Charlemagne and the death of Roland in 778 at the hand of the Basques.

carrying firearms, spikes and crossbows. And when they discovered this new slaughter going on at the inn, with broken jars, pots and dishes playing their part in the fray, they calmed them down and arrested the actors, to take them to Ciudad Real. There they would have another fight that was even worse with the bailiff, who was going to send them to Madrid for a theater debenture they needed to settle.

LEAP VI

At this time our travelers, swallowing miles of air, like hired chameleons,[106] had passed by Adamuz, of the great Marquis del Carpio, Haro and a most noble descendant of the ancient lords of Biscay and illustrious father of the greatest Maecenas[107] ever of ancient and modern genius, and a gentleman whose generosity was matched only by his modesty. And after having inhaled the seven fords and the inns of Alcolea, they came in sight of Córdoba, with its fertile fields, and its renowned meadows of white asphodel. The place where more horses, sons of Zephyrus, are born and feed, than those that were fabricated by antiquity in the Portuguese Tagus.[108] They went by way of the Campo de la Verdad[109] (which people of this ilk seldom set foot on) to the Colonia and teeming homeland of two Senecas and a Lucan[110], and of the father of Spanish Poetry, the renowned Góngora, at that time of a day when they were holding the festival of bulls, and were jousting with darts –a noble sport that the gentlemen of that city participate in most excellently. And taking a room at the Rejas Inn, which was full of outsiders who had come for this celebration, they got themselves ready to go see it all.

---

106 Chameleons were once said to live on air. See Pliny, *The Natural History*: "It always holds the head upright and the mouth open, and is the only animal which receives nourishment neither by meat nor drink, nor anything else, but from the air alone." §http://www.perseus.tufts.edu/hopper/text?doc=Perseus%3Atext%3A1999.02.0137%3Abook%3D8%3Achapter%3D51#note4.

107 Maecenas: Roman patron of the arts. Here the reference is to the Conde Duque de Olivares (FRM 109, 7).

108 According to legend, mares in Portugal were often impregnated by the wind (Rodríguez Cepeda, Enrique. Luis Vélez de Guevara: *El Diablo Cojuelo*. Madrid, Ediciones Alcalá, 1968, p. 168).

109 Verdad = Truth.

110 Seneca the Elder, Seneca the Younger and Lucan were all born in Córdoba, Spain.

Brushing off the dust from the clouds and going out to the Corredera, which is the square where these festivities always take place, they watched a fencing match that was going on in the center of the competition, and which usually comes at the beginning of festivals in that province. The swordsmen hadn't reached the level of the straight line or the obtuse or oblique angle;[111] they were still using fingernails up or down in the primitive technique of our old timers. And remembering what that genius, Quevedo, says in his *Buscón*,[112] Don Cleofás nearly doubled over with laughter. For we owe to the illustrious Don Pacheco de Narváez the feat of bringing the truth of this art out of the dark ignorance of vulgarity and into the light, and bringing the mathematical demonstrations of this truth out from the chaos of so many opinions.

A youth from Montilla, a fierce swordsman, had left the black sword[113] there, and in his place stood another from Los Pedroches, a fighter no less dashing. Then Don Cleofás rushed forward, along with many others who wanted to take the challenge, and he seized and raised the sword before anyone else could. The people were in awe of the spirit of this stranger who, with his flourish, appeared to them to be a Castilian. And giving his cloak and sword to his comrade, as is customary, he stepped bravely into the arena. Then the Master, taking hold of the Broadsword, used it to move the public back from the ring, and to give solemnity to the umber contest, for it was being carried out with dark swords. Then the Andalusian and the Castilian student circled each other elegantly, and they thrust and retreated without touching a thread of the other's clothing. At their second clash Don Cleofás, who had learned a few things from Carranza, struck the Andalusian on the chest with the button of his sword. And his opponent, using his bracer, gave a gash to Don Cleofás's head with the hilt of his sword, and in defending himself with a sudden movement, Don Cleofás slammed his opponent so hard that it sounded like Armageddon was at hand. Some of his friends and acquaintances at the ring were infuriated, and they went in over the Broadsword of the

---

111   These terms are part of fencing techniques, as seen in books by Jerónimo de Carranza and Luis Pacheco Narváez (sixteenth and seventeenth centuries). See, for example, Egerton Castle, *Schools and Masters of Fence: From the Middle Ages to the Eighteenth Century* (London, George Bell and Sons: 1885). https://books.google.com/books?id=XgYHAAAAQAAJ&printsec=frontcover&source=gbs_atb#v=onepage&q&f=false

112   In his novel *Historia de la vida del buscón llamado don Pablos*, Francisco de Quevedo mocks swordsmanship.

113   A fencing sword with a button at its tip.

Master, and began to thrust their swords ineffectually at Don Cleofás, while he warded them off with the tip of his sword as though using holy water. And availing himself of his sword and cloak, and the Limping One of his crutches, they brought such destruction to the lot of them that a bull was turned loose to help quiet things down. The Broadsword from Sierra Morena was so fearless that two or three blows with it left the plaza clearer than the German and Spanish guard, acting together, could have done. And this was carried out at the expense of underpants that left the backsides of their owners looking like Cyclops. Don Cleofás and his comrade climbed up on some boards to see the festivities, smiling innocently and fanning themselves with their sombreros as if they'd had nothing at all to do with it. Then some bailiffs came looking for them, because at times like these, a chain is only as strong as its weakest foreigner. And having hamstrung the bull, they came on horseback from the plaza, and said:

"Mr. Licentiate and Mr. Lame One, come down here. The Chief Magistrate wants you."

Don Cleofás and his companion suddenly turned as deaf as street merchants. Then the ministers, or cowboys of justice, began to try to get them down with their batons. Each of the fugitives seized a baton from their pursuers, and tearing them out of their hands, they told these ministers:

"Follow us, your graces, if you dare try to catch us."

And rising up in the air, they looked like flying rockets. Now castrated of their batons, the ministers of justice called out to the sparrows: "Stop them, in the name of the law!" And they were stupefied, thinking that they were dreaming, as they saw the agility of these strange, new acrobats. These two falcons soared so high that, flying over Guadalcázar, of the illustrious Marquis of this title with the distinguished surname of the Córdobas, they landed atop the column of Écija. And the Limping One said to Don Cleofás:

"Look at this elegant tree of granite, that holds men the way other trees bear fruit."

"This column is enormous! What is it?" asked Don Cleofás.

"The most renowned pillar in the world," replied the Limping One.

"Then is this the city of Écija?" asked Don Cleofás.

"It is, indeed, Écija, the most fruitful town in all of Andalusia," said the Little Devil. "Its coat of arms is the sun, at the entrance to the beautiful bridge, whose slanted eyes weep tears to the Genil, that mighty river that has its home in Sierra Nevada. Then, making a crystalline union with the Darro, it comes down to shod in silver these beautiful buildings and the entire town of April and May.[114] The illustrious Castilian poet Garci Sánchez de Badajoz[115] was from here. Only in this city can you harvest cotton, which is not grown in any other place in Spain. Besides that, twenty-four types of fruit grow wild, and the poor people pick it and sell it. The entire region is very fertile. Montilla is over here on our left, home of the heroic marquises of Priego, Córdobas and Aguilares. And from their great house has come, to the honor of Spain, the one who deserves to be called the Great Captain par excellence. And today to the house of the illustrious Marquis has been added the house of Feria, since that great prodigy of Italy died without sons, Fortune having frustrated him out of envy. And his great successor, being mute, nobly occupies the tongues of Fame in eloquent silence. Farther down is Lucena, of the Governor of Los Donceles, the Duke of Cardona, in whose ocean of heraldry was submerged the great house of Lerma. Then Cabra, renowned for its abyss as deep as the antiquity of its lords, announces with the tongue of its battlements that it belongs to the illustrious Duke of Sesa y Soma, and his wise and splendid heir lives there today. Then Osuna presents itself in the territory of those illustrious buildings, emblazoning the pride of its dukes with so many Grand Masters of Girones. And twenty-two leagues from here is the most beautiful Granada, the paradise of Mohammed, so that it is little wonder so many valiant Spanish-Africans fought to defend it.[116] The governor of its Alhambra and Alcazaba is the most noble Marquis de Mondéjar, father of the excellent Count de Tendilla, Mendozas del Ave María and the quintessence of gentlemen. On our way, let us not neglect Guadix, an ancient city celebrated for its melons, and much more for the divine genius of Doctor Mira de Amescua,[117] its son and archdeacon."

As the Limping One was talking about this, they came to the Plaza Mayor of Écija, the most distinguished plaza of Andalusia. Next to a jasper fountain, with four enormous nymphs of alabaster spilling crys-

---

114   Referring to the abundance of blossoms of April and May in Andalusia.
115   Garci Sánchez de Badajoz (1460-1526).
116   After the Moors invaded Spain from Africa in 711, Granada was the final outpost to fall to the Christians, in 1492.
117   The seventeenth-century dramatist Antonio Mira de Amescua (1578?–1636?).

talline lances, some blind men were standing on a bench. And many
country folk were there as well, listening as they sang a tale, true to a
hair, about how a wicked duenna had been made pregnant by the devil.
And with God's permission she had given birth to a litter of pigs. And
there was a ballad about Don Alvaro de Luna, and a ditty against devils
that went like this:

> Lucifer has glanders,
> > Satan –he has mange;
> And the Limping Devil–
> > He has hemorrhoids.
> Hemorrhoids and glanders,
> > Mange and crab lice,
> His wife takes them out
> > With her curling tongs.

The Limping One said to Don Cleofás:
"What do you think of the testimonials these blind men are putting
up against us, and of their satires? There's no other sort of people who
dares to say what they do about us, except these folk. They've got more
spirit than the greatest of wits. But I'll make them pay this time: they're
going to punish themselves with their own hands. And at the same
time I'll avenge the duennas because there's no one in the world who
doesn't wish them ill, and we are very much in their debt, because they
help us with our skullduggery. Truth be told, they are female devils."
And when the ballad was finished, the Limping One threw so much
ash into the midst of the blind men that they began to shove each other
around. Then with some of them stumbling into the fountain basin,
and others falling to the ground and then getting up and bumping into
each other again, they started to beat one another with their canes. And
into the bargain, they shared all this with their listeners who answered
them back with clouts and kicks. And since the two visitors had come
to Écija carrying the batons of the bailiffs of Córdoba, it was thought
that they were bringing some great commission from the Court. So the
city authorities arrived to honor them and to regale them by offering
them their lodgings. And taking advantage of the situation, they accepted the offers, and were feted as representatives of the King. And
when asked what matters had brought them to Écija, the Limping One

responded that it was an action against doctors and pharmacists, and to investigate holier-than-thou-art women. And it was to forbid doctors, after they had killed a patient, from using a mule for their escape. And if they were unsuccessful in this, at least when pharmacists used the wrong purgatives, they could not be punished even if they fled on the cemeteries of the doctors' mules –which are their rumps. And they had come to stop pietistic women from using tobacco, drinking chocolate and eating spicy stew.

It seemed to the Head Bailiff, who was not stupid and who had a head for writing ballads and plays, that were being mocked, and he was ready to lay hold of them and put them in the slammer, and then flog them and tan their hides for being knaves, tricksters and fake bailiffs. But the Limping One raised a dust cloud of brimstone, and taking Don Cleofás's hand, they disappeared amid the rage and uproar of the ministers of Écija, and left them behind, coughing and sneezing, butting their heads against one another, not knowing what they were doing, while the peregrine falcons of darkest Norway flew off to other parts. They left Palma on their right, where the Genil and Guadalquivir rivers are united by the vicar of waters, the ancient villa of the Bocanegras and Portocarreros. It belonged to that great courtier and valiant gentleman, Don Luis Portocarrero, whose heart was so much greater than his stature. Then they went to Monclova, that wonderful forest and mountain of Clovio, a worthy Roman captain, and today belonging to another Portocarrero y Enríquez, no less a great gentleman than the aforementioned one. Then they went on to the beautiful villa of Fuentes, of which the brave, unvanquished Don Juan Claros de Guzmán el Bueno was the marquis. After performing many services for his king, he died in Flanders, and was mourned by all, and envied by even more. He was a son of the great house of Medina-Sidonia, where all the Guzmanes are Buenos by name, by blood and by virtue of their illustrious persons. And they didn't lay a finger on Marchena,[118] the noble habitat of the Dukes of Arcos, the marquises who were from Cádiz, while today the most excellent Don Rodrigo Ponce de León is its very worthy lord; in him are gathered all the heroic feats and valor of his ancestors. From afar they glimpsed Villanueva del Río, of the marquises of Villanueva, Enriquez y Riberas, and today of Don Antonio Álvarez de Toledo y Beamonte, its marquis and the

118   Town in the province of Seville.

Duke of Güesca, the illustrious heir of the great Duke of Alba, Constable of Navarre. At the end of their flight these two comrade-birds (and this was not the longest race they had run together) landed at the foot of the hill of Carmona[119] as night fell, in its extensive, fertile and renowned plain. Don Cleofás then said to his friend:

"My chum, let's rest a while. We've been flitting about a long while, and we're going to turn into wild night owls. The serenity of this summer night is just inviting us to spend it here in the countryside."

"I'll agree to that," said the Limping One. "Let's catch our winks in the meadow next to this brook –a mirror where the stars are touching. They are awaiting the visit of the morning sun– the Great Sultan of all those ladies."

And using his cape as a pillow, Don Cleofás placed his sword on his stomach and made himself comfortable. Looking up, he scanned the celestial vault whose magnificent fabric compels even the blindest pagan to understand that the hand that made it is that of God, of almighty God. And he said to his companion:

"You have lived in those regions, so won't you tell me if those stars are as large as the astrologers say they are, when they talk about their size? And what heaven are they in, and how many heavens are there? So they won't bamboozle us all the time with all those different opinions, making fools of us all with imaginary lines and circles. And if it's true that the planets have epicycles. And about the movement of every heaven, from its first sluggish motion to its quickest. And where are the signs of these writing stars, so that I can disabuse the world, and stop them from selling us fairy tales for truths?"

The Limping One replied:

"Don Cleofás, we fell so suddenly that we didn't have time to look closely at anything. And if Lucifer hadn't brought one third of the stars down with him, the way it's spoken of so many times in the plays of Corpus Christi, I think Astrology would have even more to hoodwink you with. And I say all this with apologies to the whims of Galileo, and the great Don Juan de Espina[120] whose famous home and wondrous chair are insights into his rare genius. I am speaking of whims down there, in the world, and with the exception of the optics of these whim-

---

119   Town in the province of Seville.
120   A bizarre collector, musician, prestidigitator, and student of astronomy of the seventeenth century.

sical gentlemen who have discovered a mole on the left side of the sun, and have made out mountains and valleys on the moon, and have seen 'Venus Cornuta.' What I can say, from the little time I spent up there, is that I never heard mention of the Bocina, the Chariot, the *Spica Virginis*, the *Ursa Major*, or the *Ursa Minor*, the Pleiades or the Heliades, names given to them by Astrologers, and that one they called the *Via Lactea*, now called the Camino de Santiago by the common man, which is traveled by both the lame and the sound of limb.[121] If that were so I, being lame, would travel that road as well, since I'm like every other Tom, Dick and Harry in that province."

At these last words, Don Cleofás had given in to blessed sleep, leaving his companion to stand watch, like a whooping crane of the other life.[122] Then, suddenly, a great roar of bugles and horse hooves startled him wide awake, making him fear that the one who had been treating him so lavishly up to that time was now taking him to some place less comfortable. But the Little Devil calmed him down, saying:

"Don't be alarmed, Don Cleofás. As long as you're with me, you have nothing to fear."

"But what's all that awful noise?" asked the Student

"I'll tell you," said the Limping One. "Wake up now, and pay attention."

---

121   The *Via Lactea* is commonly called the Camino de Santiago in Spain. The Camino de Santiago is also the name of the pilgrims' route to Santiago de Compostela.

122   The Limping Devil, being lame, stands on one foot, like a whooping crane when asleep.

LEAP VII

The Student sat up then, yawning and stretching his limbs to shake off his drowsiness. And the Little Devil continued, with these words:"All this loud noise is being brought here by the house of Fortune. It is going to Asia Minor to help out in a pitched battle between the Mongols and the Sufis, and it will give victory to whichever side least deserves it. Look and listen: what is passing by here are its coffers. And instead of beasts of burden, there are merchants and so-called businessmen coming by. They are loaded down with money-boxes full of gold and silver, and are holding up banners embroidered with the arms of Fortune, which are the four winds, and a spear on a tower. And they are moving with the four winds, holding ropes, and cudgels made of the same metal that they are carrying. And with all the weight they are lugging along, they rest whenever they feel the need. This immense horde, going by now in such a hodgepodge, is made up of stewards, cooks, kitchen-hands, tapsters, confectioners, butlers, bakers and overseers, and all the other riffraff connected to food. The ones you see now, coming along on foot and wearing white felt across their shoulders are lackeys of Fortune, and they are the greatest geniuses the world has ever known. Among them are Homer, Pindar, Anacreon, Virgil, Ovid, Horace, Silius Italicus, Lucan, Claudian, Publius Papinius Statius, Juvenal, Marcial, Catullus, Propertius, Petrarch, Sannazaro, Tasso, Bembo, Dante, Guarino, Ariosto, Giambattista Marino, Juan de Mena, Castillejo, Gregorio Hernández, Garci Sánchez, Camoens, and many others who have been princes of Poetry in various provinces."

"They certainly haven't prospered much," said the Student, "since they haven't gotten beyond being Fortune's lackeys."

"There is no one in her home," said the Limping One, "who gets what he deserves."

"What sort of squadron is this, that's so splendid, with all those treasures of diamonds and chains, and garments raining down gold and pearls?" continued the Student. "There are so many pages in their group who are illuminating them with all those white candles. And instead of horses, they're riding on the backs of ancient philosophers; and those are in awful shape: most of them hunchbacked, lame, one-armed, bald, big-nosed, one-eyed, left-handed and stammerers."

"Those," said the Limping One, "are potentates, princes and great lords of the world. They are accompanying Fortune, who has bestowed upon them the estates and wealth that they have. And being so powerful and rich, they are the stupidest and most miserable people on earth."

"Fortune certainly has had good taste!" said Don Cleofás. "A woman's name fits Lady Luck perfectly, since she chooses the worst!"

"They owed it mainly to nature," answered the Limping One. And he continued: "This giant who's coming along on a dromedary, having only one eye —and it being blind in the middle of his forehead, and holding a huge tree in his hands, full of staves, miters, laurel wreaths, tunics, cardinals' hats, crowns and tiaras— is Polyphemus. After Ulysses blinded him, Fortune put him in charge of that rack of honors, so that he would hand them out blindly. And he always goes along next to the triumphal chariot of Fortune, which is the one that fifty Greek and Roman emperors are pulling. She is surrounded by crystal lanterns that have lighted Paschal candles inside them. They are on a wheel full of silver buckets, and she is constantly filling them with wind and emptying them, and this other foot in the same element, which is full of chameleons that are giving her legal briefs, and she is continually tearing them up. Now coming along behind her are her ladies, on elephants with golden seats sewn with deep-blue rubies, light-rose rubies and chrysolite gemstones. The first lady is Foolishness, her foremost handmaiden, and although ugly, she is very highly favored. This next one is Fickleness: she is constantly giving out pledges to marry but she never carries through with any of them. Following her is Flattery: dressed in the French style with water sunflowers; on her head she wears a colored iris for a hair decoration, and in each hand she holds a thousand tongues. The one coming after her, dressed in black, with no gold or jewelry, but having a very beautiful face and form, weeping: she is Beauty. A very noble lady who has been badly forgotten by her mistress in the matter of favors. Envy is following –and even pursuing– her, with her dress of straw, embroidered with basilisks and hearts."

"That lady," said Don Cleofás, "always eats the spoils of animals: she is the buzzard that always finds a perch on top of palaces."

"This one coming now," continued the Limping One, "looking like she's pregnant, is Ambition: she is bloated with desires and fancies. This next one is Avarice: she's all congested with gold, and doesn't want to eat steel because it's an inferior metal. The ones coming along now, wearing long veils and glasses and riding minotaurs, are Usury, Simony, Fraud, Gossip, Quarrels, Pride, Fabrication, Histrionics –the duennas of Fortune. The men wooing all these ladies, and illuminating them with torches of different colors, are thieves, cheats, astrologers, spies, hypocrites, counterfeiters, matchmakers, scandalmongers, brokers, gluttons and drunkards. That one coming along on the golden ass of Lucius Apuleius is Croesus, the head major-domo of Fortune, and to his left is Astolfo, her head stableman. The men coming on barrels with wheels, carrying toasting glasses in their hands, and who are bursting out laughing, are her genteel cup-bearers who were formerly barmen at Court. That squadron of savages, coming along on donkeys with packsaddles, are accountants, bursars, record clerks, administrators, historians, litigators, correspondents, agents of Fortune; they use pestles for pens, and for paper they use rhinoceros skins. Behind them is a sedan chair, embroidered with trophies, for visitors of Fortune; its porters are Pythagoras, Diogenes, Aristotle, Plato, and there are other philosophers serving as substitutes, with doublets and breeches made of silvery cloth, and with slave symbols branded on their faces. The ones coming along now, three at a time, on mournful sepulchers, riding in Moorish style, both with short stirrups and with legs fully extended, are doctors of the chamber and of the family, the pharmacists and barbers of Fortune. Now, to top off this entire brigade and retinue, there is this monumental moving tower –the one from Babylonia, and it is full of giants and dwarfs, of dancers and actors, of musical and martial band instruments, of singing, of brouhaha that you can see and hear through all those windows in the building, crowned with lights and shooting out spinning fireworks and rockets. On a large balcony at the front of the building stands Hope: a very tall virago dressed in green, with many suitors down below on foot, soldiers, captains, lawyers, wheedlers and professors of different fields, badly clothed, hungry and desperate, crying out to her; and with all the confusion these don't understand those, and those don't understand these. And on another balcony to the right there's Prosperity, crowned with sprigs of gold, and dressed in the very best brocade embroidered with the four seasons of the year. She is sowing large bank bills among all the wealthy idiots who are going along in their carriages, snoring away; they don't need them and they think they're just dreaming. Now, coming along after all this entourage is an endless troop of massive carts, full of foodstuffs and men's and women's clothing, which is the wardrobe of Fortune. And with so many following her, naked and hungry, she doesn't give them a morsel to eat or a rag to cover themselves with. And even if she gave it to them, it wouldn't befit them because those things are made to order for only the fortunate."

Following this train of carriages was a wild crowd of mad men, going along on foot or on horseback and in coaches, rambling about different things, since they had lost their reason due to a variety of circumstances of Fortune, on sea and on land. Some of them laughing, some weeping, others singing and others silent, and all of them cursing her. And she paid no attention to them, giving no heed to seeing the truth about anything. And so this entire bewildering mechanism disappeared in a terrible cloud of dust, and in its frightening sea all this confusion was submerged. Day finally arrived, and it was surprising that the sun was not lost in that great cloud of dust, as Don Beltrán was among the planets.[123] The two comrades went up the hill to the newly christened city of Carmona,[124] the high point of Andalusia. There the sky is clear like no other, and at night there is no humidity, and no one ever comes down with a cold unless it pleases them. Then, partaking of some rabbit and chicken at an inn called Los Caballeros, they went on to Seville, whose well-known tower and weathercock can be seen from the Peromingo el Alto inn, reaching so high in the sky that it seems to be smashing its head against the stars.

Don Cleofás was amazed at how widespread this city was, and at all the different sorts of vessels in the Guadalquivir, the crystalline border of Seville and Triana. And he saw more closely at hand the

---

123   Don Beltrán: a figure whose death is recounted in the ballad about Roncesvalles.
124   Given this name by Felipe IV in 1630.

beauty of its buildings, where it seems as though virgins and martyrs have died, because they all have palm fronds in their hands, which are the ones that stand out in their spectacular gardens, among all the citron, orange, and lemon trees, laurels and cypresses. They quickly made their way to Torreblanca, one league distant from this illustrious city where its Roadway and the canals of Carmona begin, a most beautiful bridge with arches, where the Guadaira River flows to Seville. Its dropsical thirst is drunk dry, leaving barely a drop to flow into the sea: for it is the only river in all the world to have the privilege of this breast. There are innumerable farms on one side and another that only increase the beauty of this entryway, and in each is transcribed an earthly garden where orange blossoms, rose bushes, and flowery jasmine hail down. And at the very time that they were arriving at the gate of Carmona, the Limping One observed Cienllamas, passing through on horseback, with a tall baton, along with the two bailiffs he had taken from hell. Turning to Don Cleofás, he said:

"That one going into the gate of Carmona is my masters' agent, and he's coming to Seville to apprehend me. We need to be careful."

"I couldn't care less," said Don Cleofás. "I'm a student in Alcalá, and no court has jurisdiction over me. Besides, they say that Seville is a real topsy-turvy place, and all the ferrets of Lucifer and Beelzebub won't find us if we don't want them to."

The two of them went into the city, walking along at a good clip, with the Limping One warily leading the way, down one street after another. And as soon as they came to a square, Don Cleofás noticed a luxurious building with a number of dwellings that had an ostentatious façade of alabaster and some extensive passageways of that same stone. Don Cleofás asked the Limping One what temple this was. And he answered that it was not a temple –although it had so many crosses of Jerusalem, with that very image in marble. It was, rather, the homes of the Duke and Duchess of Alcalá, Marquises of Tarifa, Count of Los Molares[125] and the highest authorities of Andalusia. Its grandeur has been passed down today to the great Duke of Medinaceli since there were no sons to inherit it. And even if there had been an eldest son, he could have been no better: for there can be none greater than Fox y Cerda.

"I know that prince," said Don Cleofás. "I have seen him at Court, and he is as generous and knowledgeable as he is a great lord."

---

125   Fadrique Enríquez de Ribera (1476-1539).

As they went along like this, chatting, they came to the Bust of King
Don Pedro, whose street is called El Candilejo, and crossing Abades
Street, the Borciguinería and the Atambor, they reached Agua Streets,
where they found an inn to lodge in, that location being one of the most
secure in Seville.

At this same time the left-handed little demon who had taken the
Limping One's place caused the Astrologer or Magician to have a
stroke, and he went down with his soul (without the shell of his body),
to ask Lucifer for justice for the breaking of his flask. And Doña
Tomasa, still remembering the slights of Don Cleofás, was trying to get
to Seville with another summons. Knowing that he had fled there, she
was with her new gallant, a soldier from one of the galleons, so that she
could take her revenge by having the unworthy Olympia marry the Licentiate Bireno of Madrid.[126] In order to counter the spies of
Cienllamas and Chispa and Redina, Don Cleofás and his comrade did
not leave their inn. Then one afternoon they went up to a roof deck of
the sort that all houses in Seville have, to take the air and to more closely
view the buildings of that teeming city from on high. Seville, being the
belly of Spain and of all the world, doles out to all its provinces what
it swallows from the Indies in silver and gold (for it is the ostrich of
Europe, digesting the most lavish metals).[127] Don Cleofás was astonished at the great army of buildings, so crowded together that if they
should spill down, they would not fit in all of Andalusia. And he said
to his companion:

"Point out some of its features to me, if we can see them from up
here."

The Limping One said:

"Over by that tower way off in the distance, you'll find that the
beautiful building that holds it is the Great Cathedral, and it is a greater
temple than any of those made in ancient or modern times. I won't tell
you all its marvelous particulars in detail. It is enough to let you know
that the wax of its paschal candle weighs a ton, and that its huge can-
delabrum is made of bronze and is so wonderfully designed and decorated that if it were made of gold it would not have cost as much. Its
monstrance is another silver tower of the same material and design; the

---

126   A reference to the *Orlando Furioso* of Ariosto, in which Bireno deserts his lover,
      Olympia, for another woman.
127   An allusion to the popular belief that the ostrich digests iron.

area behind the high altar contains every precious and exquisite stone in existence; its construction is a movable temple of Solomon. But let us leave that behind: we demons cannot touch upon it in our words or in our thoughts. Turn your eyes to that building called La Lonja,[128] cut from the haunch of San Lorenzo el Real, and designed by Felipe II. To the right of it is the Palace, the old royal lodging of the King and Queen of Castile, a richly endowed refuge in springtime. Its illustrious Warden is the Count Duke of Sanlúcar la Mayor, the great Atlas of the Hercules of Spain, whose wise head is the clockwork of the government of its monarchy. And if the Buen Retiro Palace had not been built, which is an inimitable model, with its building, its gardens and pools, this palace in Seville would have supremacy over all palaces in the world. And the royal hall is in the first place, which His Majesty Don Felipe IV el Grande copied from his divine idea, where all praises fall short and the greatest wonders are diminished. Farther on is the House of Commerce, which is so often paved with bars of gold and silver. Then there's the home of the gallant Count de Cantillana, a great courtier and retainer, a dashing man about the town square, a credit to the applause and happiness of the King and Queen. And the bulls of Tarifa and Jarama can attest to this when they carry out their duty against his lances, the same way others carry out their duty by going to confession. Then, next to the gateway to Jerez is the great Treasury Building, where there are always huge piles of gold and silver, like wheat, and next to it is the Customs House, the glutton of all the merchandise in the world, with two mouths —one to the city and the other to the river where the Tower of Gold and the dock are, the guzzler of everything the galleons carry, heaped up in the marrow of their cabins. To the right is the Triana bridge, made of wood, resting on thirteen boats. Farther down, at the edge of the famous river, is the Cuevas, the notable Carthusian monastery of San Bruno, and while professing complete silence, it lives at the tongue of the river. On the other side, on the shore of the Guadalquivir, is Gelves, where in all the old Moorish ballads they held tournaments, while today it belongs to its illustrious counts and the great Duke of Veragua, the son and picture of such a great father;

"who is, for not fearing any worlds,

---

128   Marketplace (or strip: used here as a conceit).

Portugal y Colón, Castro y Toledo."

"You let loose a bunch of rhymes, my friend," said Don Cleofás.
"It was on purpose and not by accident," answered the Limping
One. "So that the owner of these praises will owe me more than prose."
And he continued:

"Over there is the Alamillo, where they fish for shad, mullet and
sturgeon; and farther down is the Algaba, of the illustrious marquises
of this title, of Ardales, and counts of Teba, Guzmáns all of them. On
this other side is Castellar of the Ramírez y Saavedras; and around the
way, Villamanrique of the Zúñigas, of the great house of Béjar, whose
last ill-fated marquis was Guzmán –Bueno (or Good) twice-over,–
nephew of the great Patriarch of the Indies, the chaplain and great al-
moner of the King, and whose munificent compassion is interwoven
with his office and his blood, and brother of the great Duke of Sidonia,
whose throne is Sanlúcar de Barrameda, while his court, being the river
below, is the Narcissus of the Ocean and Great General of Andalusia
and of the coasts of the sea of Spain. Whose baton and ever-conquering
foot the water and earth obey, securing for the King his entire
monarchy on that promontory where he serves, for the great glory of
the world.[129] And since night is coming on, and I cannot leave off these
praises except with my silence, in order to increase their value, let us
leave all the rest for tomorrow. Now let us go down from this terrace
to enjoy a meal, and walk a little through the city to its illustrious
Alameda, which was created and fashioned with the two columns of
Hercules by the Count of Barajas,[130] magistrate of Seville and later
most worthy president of Castile."

---

129   This great praise of Gaspar Alonso de Guzmán el Bueno, the Duke of Medina Sidonia,
      turns out to be ill-suited, since in 1641 he led a rebellion of Portugal and Andalusia
      against Felipe IV.
130   Francisco Zapata y Cisneros (1520-1594). Unfortunately, soon after it was finished, this
      beautiful Alameda was populated by prostitutes and *pícaros* (FRM 153-54, 21).

LEAP VIII

At this time, in order to carry out her plans, Doña Tomasa had taken (as she always "took," in keeping with her name and her nature)[131] a carriage to Seville, along with a mule to carry some chests for her linens and other finery, and also that of the aforementioned gallant soldier. The two of them then got into this carriage, and left Madrid like brothers,[132] with the summons that we've referred to. As for our Astrologer, he had not been given a burial because of a dispute over a will he had made a few days previously, which some relatives of his discovered in a writing desk, and the authorities were working at pronouncing judgment on this legal suit. Now the Limping One and Don Cleofás slept until two o'clock in the afternoon, since they had been making rounds the previous night, or during most of it, through Seville. Then they ate some of the city's delicious fish and some bread called Gallegos, which is the best in the world. And they took a siesta (which the companion spent wide awake, diligently complimenting his master on his wrongdoing). Afterward they went up to the terrace, as they had done the previous afternoon, and he showed his companion certain buildings that had not been pointed out the afternoon before in that sea of towns. Don Cleofás sighed two times, and the Limping One asked him:

"What are you thinking back on, my friend? What memories have brought those two breaths of fire from your heart to your mouth?"

"Comrade," the Student answered, "I was remembering the

---

131   Tomasa: "toma" in Spanish: "take."
132   Like Brothers of the Holy Brotherhood (Santa Hermandad): the constabulary (FRM 155, 9).

Boulevard, Calle Mayor, in Madrid, and the wonderful promenade that takes place there at this time, all the way up to the Prado."

"To see it is the easiest thing in the world," said the Little Devil, "just as it's happening right now. Ask the Landlady for a mirror, and you'll enjoy yourself more than you ever have in your life. Although I could put you there in the blink of an eye on a team of horses, because the ones I know feast on wings-of-the-wind instead of barley. But I don't want us to leave Seville until I find out about the connivances of Cien-llamas, and your lady who is on her way here. And besides, I feel very comfortable in this place, since the conscience of the Indies reaches all the way over to here."[133]

At this very moment Rufina María (the name of the landlady), a woman who was partly walnut and partly granadillo[134] (so as not to call her a mulatta), came up to the terrace. She was a great navigator of the most secret pathways of Seville, and was a falcon that could carry off any foreigner's purse from his pocket and put it into the claws of all novice "maidens" who came to take advantage of it. She was wearing a slit jerkin of white linen, a white cotton petticoat, French style high-heel shoes, and anklets without stockings, which is how dark people ordinarily dress in this land. She had come up to the roof at this time to play the tarantula with a comb,[135] and brought a mirror for seeing her body full-length.

And the Limping One, taking advantage of this opportunity, asked for the article very courteously, saying:

"How wonderful to have the Madam Landlady here: I know she has a predisposition for these things."

"Oh, sir!" replied Rufina María. "If they have to do with necromancy, I'm wild about that sort of thing. I was born in Triana,[136] and I know how to lay curses and hagride better than anybody my size, and I can do even better things that I'll show you if you want, even though all the bookish people say they're only nonsense."

---

133   Rodríguez Marín (FRM 157, 5) notes that even Santa Teresa de Jesús felt that devils were very comfortable in Seville. As she says, "I don't know if it's the climate of that land, but I've always heard it said that God gives devils a greater hand at tempting people there. They certainly harassed me. I never felt more timorous and cowardly in my life than I did when I was there; so much so that I didn't even know myself" (*Libro de las fundaciones*, chapter 25).

134   A tamarind tree or blackwood.

135   "Play the tarantula": massage her head with her fingers, that is, to comb her hair.

136   A neighborhood in Seville.

"And they're not wrong," said the Limping One. "But even so, Miss Rufina María, the people I want to show to my comrade can rely on that great talent. Now pay close attention."

And taking the mirror in hand, he said:

"I want to show both of you what is happening right now on the Calle Mayor in Madrid. This can only be done by a demon, and by myself. And notice that in praise of the gentlemen who pass by, that it is a round table, each person being at its head: it's not a dispute of creditors, in which some have priority over others."

"Oh, sir!" said Rufina. "Start right in: it will be well worthwhile to see it. When I was a little girl, I was at the Court with a lady who followed a man wearing the insignia of Calatrava,[137] while he had come for some sort of inquiry. Afterward my parents brought me back to Seville, but I was very fond of that street and would dearly love to see it again, even if it's only in this mirror."

The Landlady had barely finished saying these words when coaches, carriages, litters and sedan chairs began to pass by, along with men on horseback, and such a throng of regalia and beauty that it looked as though April and May had been let loose and the stars had become unbound. And Don Cleofás had his eye out for Doña Tomasa, to see if she was coming by, as she was still in his heart, which had not been cooled down by all his disillusionment. Oh, this humanity of ours, so inclined to being consumed by bad elements and to being upset with favors. But at this moment, our Doña Tomasa had passed by Illescas[138] on her litter drawn by two horses.

Rufina María was beside herself, gazing at all the figures who were performing different roles in that theater of the world, and she said to the Limping One:

"Mr. Guest, show me the King and Queen. I really want to see them, and I don't want to miss this opportunity."

"Daughter," the Limping One replied, "their Majesties don't come out for these common walks. If you want to see their lifelike portraits, we will soon go to the place where your wishes will be fulfilled."

"Very well," said Rufina. And she continued: "Who is this gentleman and great lord coming by, with all this brilliant display of lackeys and pages, in that coach that's like a carriage of the sun?"

---

137   A religious-military order founded in the twelfth century.
138   A municipality in Toledo.

The Limping One replied:

"That is the Admiral of Castile, Don Juan Alfonso Enríquez de Cabrera, Duke of Medina de Ríoseco and Count of Módica, the terror of France in Fuenterrabía."[139]

"Oh, sir!" said Rufina. "Is he the one who threw the French out of Spain? May God keep him for many years."

"He and the great Marquis de los Vélez," replied the Limping One, "were the second Pelayos[140] –having no seconds themselves– of their homeland of Castile."

"Who is that, coming along in a carriage that looks like Springtime?" asked Rufina.

"That," said the Limping One, "is the Count de Oropesa y Alcaudete, of Toledan blood, Pimentel, and of the royalty of Portugal, a prince of great qualities. And to his right is his cousin, the Count de Luna, Quiñones y Pimentel, lord of the house of Benavides in León, first-born son of the Count de Benavente –a Luna[141] who also shines brightly during the day. The Count de Lemos y Andrade, marquis of Sarria, beadle of the Santiago Church, Castro y Enríquez, of the great Duke de Arjona, is in that coach; and he is as knowledgeable and generous as he is a great lord. And in this other one is the Count de Monterrey y Fuentes, the president of Italy, who has been Viceroy of Naples, and whose governance has led to great applause of the Two Sicilies; while he has been succeeded in this honor by the Duke de las Torres, marquis of Liche[142] and of Toral, lord of the castle of Aviados, court official of His Majesty, prince of Astillano, and Duke of Sabioneta – this title being most well-suited for his greatness. Accompanying him, with no less royal blood and divine intelligence in Italy, is the Marquis of Alcañizas, Almansa, Enríquez y Borja. And here comes the ever-discreet Constable Velasco, the gentleman-in-waiting of His Majesty, with his brother, the Marquis de Fresno. The Duke de Híjar is behind him, Silva y Mendoza y Sarmiento, Marquis of Alenquer and Ribadeo, a great courtier and expert horseback rider, and thanks to this last title that we've mentioned he enjoys the privilege of dining with the king and queen on the Passover of this name. With him is the Marquis of

---

139   Fuenterrabía: a town in the Basque territory.
140   Pelayo led the revolt of Asturians and Visigoths against the Moors after the invasion of 711.
141   Luna: moon.
142   Eliche.

the Balbases, Espinola, whose surname was placed above the stars by his great father. There goes the Count of Altamira, Moscoso y Sandoval, a great man, a gentleman in every way, the principal hostler of Her Royal Majesty. Coming by now is the Marquis of Pobar, Aragón, with his brother Don Antonio de Aragón, of the Orders in Council and of the high court of the Inquisition. The ones coming past in that coach now are the Marquis of Jódar and the Count of Peñaranda, of the Royal Council of Castile, both of them Paragons of jurisprudence as well as of nobility."

"Who are those two young men together over there," asked Rufina, "both apparently of the same age and holding golden keys?"

"One of them is the Marquis of Hinojosa," answered the Limping One, "Count of Aguilar and Lord of Los Cameros, Ramírez y Arellano, and the other is the Marquis of Aytona, who is partial to Music and Poetry, heir in perpetuity of his parents; both of them chamberlains."

"What coach is that one, that's so full and that's flowing with such magnanimous blood in all those dashing young men?" asked the Hostess.

"That belongs to the Duke of the Infantado," said the Limping One, "male head of the Mendozas y Sandoval, Marquis de Santillana y del Cenete, Count of Saldaña y del Real de Manzanares, the son and very picture of such a great father. Those who are with him are the Marquis of Almenara, the bravest, most gallant and pleasing gentleman of the Court, son of the great Marquis of Orani, Admiral of Aragón, a perfect gentleman, the Marquis of San Román, a true knight, the heir of the great Marquis of Velada, the lightning bolt of Orán, Holland and Zeeland, and his brother, the Marquis of Salinas, with a spirit to match his body, living portraits of such a great father, and Don Íñigo Hurtado de Mendoza, cousin of the Duke of the Infantado, great gentlemen and lords, all of them, and by simply naming themselves, they give themselves praise, for all the tongues of Fame are insufficient. And with them is Don Francisco de Mendoza, a courtly gentleman, well thought of by all, and a riding expert with both the regular sword and the fencing sword."

"What troop is that coming past now on horseback?" asked Rufina.

"If they come by slowly, I'll tell you," said the Limping One. "The first two are the Count of Melgar and the Marquis of Peñafiel, whose titles carry with them their praises; Don Baltasar de Zúñiga, his brother the Count of Brandevilla, sons of the Marquis of Mirabel, and who are like him in every way; the Count of Medellín, a virile Portocarrero, and the Prince of Arambergue, first-born of the Duke of Ariscot; the Marquis of La Guardia, whose title is that of the Guardian Angel; the Marquis of La Liseda, Silva y Manrique de Lara, and Don Diego Gómez de Sandoval, Knight Commander of Calatrava, Marquis of Villazores, Añover and Humanes, Don Baltasar de Guzmán y Mendoza, heir to the great house of Orgaz; Arias Gonzalo, first-born of the Count of Puñonrostro, imitating the gallantry of his father and reinforcing the impression of his most invincible grandfather. Now here come the Count of Molina and his brother, Don Antonio Mesía de Tobar, each of them a credit to the other. And with them is Don Francisco Luzón, the glory of this name in Madrid, whose magnanimous heart would be cramped if it were in a giant. With him is Don José de Castrejón, his relative, and a great gentleman, and both of them nephews of the esteemed President of Castile. In the coach behind them is the Duke of Pastrana, head of the Silvas, a studious prince and great lord, with the Marquis of Palacios, the King's majordomo, and the only descendant of Men Rodríguez de Sanabria, lord of La Puebla de Sanabria, great majordomo of the King Don Pedro; the Count of Grajal, a great lord, and the Count of Galve, brother of the Duke, a model of excellent gentlemen, in whom, if courtesy should be lost, it would be found. The others accompanying him are illustrious men of various professions, for these are always his retinue. In another coach, having a conversation with the Prince of Esquilache, is his uncle and with the Duke of Villahermosa Don Carlos, is his brother; the latter of the Council of State of His Majesty, and the other the prince of cleverness. With them is the young Duke of Villahermosa, Don Fernando, in whom knowledge and gallantry come in equal measure, and Don Fernando de Borja, chief commander of Montesa, of His Majesty's chamber, who, with twenty two years of study as a viceroy, could graduate from Cato Uticensis and Cato the Censor.[143] Now here comes the Marquis of Santa Cruz, the Spanish Neptune and chief majordomo of our lady, the Queen. There is the Count of Alba de Liste, with the Marquis of Tabara and the Count of Puñonrostro. And behind them

---

143   Reference to Marco Porcius Cato Uticensis (or Cato the Younger) and Marco Porcius Cato the Censor.

is the Duke of Nochera, the Neapolitan Hector, and today governor of
Aragón. In the coach following them is the Count of Coruña, Mendoza
y Hurtado of the Nine Muses, and the honor of Castilian poetry, in the
company of the Count of La Puebla de Montalbán, Pacheco y Girón.
And there is the Marquis of Malagón, Ulloa y Saavedra, and the
Marquis of Malpica, Barroso y Ribera, and the Marquis of Fromista,
father of the Marquis of Caracena, celebrated for being the Castilian
Mars in Italy, and the Count of Orgaz, Guzmán y Mendoza, of Santo
Domingo and San Ildefonso, all of them Majordomos of the King. The
one coming along in that coach is the Marquis of Floresdávila, Zúñiga
y Cueva, uncle of the great Duke of Alburquerque, who is currently
fighting in Flanders, Captain General of Orán, where he was the
wonder of Africa, raising the flags of his King twenty-five leagues into
the Barbary Coast. Here comes the Count of Castrollano, the
Neapolitan Adonis. And there is the Count of Garcíes, Quesada, and
a gallant Andalusian, the Marquis of Velmar, the Marquis of Tarazona,
Count of Ayala, Toledo y Fonseca, the Count of Santisteban and Cocentaina, and the Count of Cifuentes, all of divine ingenuity; the Count
of La Calzada, and behind him the Duke of Peñaranda, Sandoval y
Zúñiga. And in this other coach is Don Antonio de Luna and Don
Claudio Pimentel, of the Council of Military Orders, the Castor and
Pollux[144] of friendship and generosity."

"Oh, sir!" said Rufina. "Unless I am mistaken, the one in that coach
is from Seville. His name is Luis Ponce de Sandoval, Marquis of
Valdeencinas, and I was raised in his house."

The Limping One replied:

"He is a very great gentleman, and the most beloved in this land and
in the Court, which is no small praise. And that person with him is the
Marquis of Ayamonte, with the proud male title of Castilla y Zúñiga.
And no less a figure is the man in the next coach, the Count of La
Puebla del Maestre, who has more maestres[145] in his blood than counts;
a young man with great hopes, and he would have greater possessions
if Fortune would look his way more favorably. Now here comes the
Count of Castrillo, Haro, brother of the Great Marquis of Carpio, president of the Council of the Indies, and behind him the Marquis of

---

144 Twin brothers in Greek and Roman mythology. Also the brightest stars of the constel-
     lation Gemini.
145 *Maestre:* grand master of a military order.

Ladrada and the Count of Baños, father and son, Cerdas, of the great house of Medinaceli. The other one is the Marquis of Los Trujillos, a gallant gentleman. And behind them, the Count of Fuensalida, with Don Jaime Manuel, of His Majesty's chamber, and the brother of the Duke of Maqueda y Nájara, who today governs the trident of both seas."

"Tell me, Mr. Licentiate," said Rufina, "what elegant houses are those in front of these jewelry cases?"

"Those belong to the Count of Oñate," said the Little Devil, "illustrious emblem of the Thieves de Guevara[146], the Great Mercury of Spain and Count of Villamediana, son of a father who makes emperors, and who is today president of Military Orders."

"And those steps in front there," continued Rufina María, "with such a crowd of people, are they part of some temple? And what are all those men doing there, wearing those garments with such a variety of different colors?"

"Those are the steps of San Felipe," replied the Limping One, "the monastery of San Agustín, which is the gossip-mill of soldiers, where news comes out faster than the events themselves."

"What elegant funeral procession is this, coming down the Calle Mayor?" asked Don Cleofás who was as stunned as the Mulatta.

"It's the one for our Astrologer," answered the Limping One. "He fasted his whole life long so that all these people could eat him up when he died. And since he lived in such great seclusion when he was alive, in the will that he left for his relatives, he ordered them to carry him down the Calle Mayor when he was dead."

"A wicked carriage," said Don Cleofás. "It's a coffin for that promenade."

"That's the usual sort," said the Limping One, "and they're the ones that roll along most in the world. Now, it seems to me," he continued, "that my masters won't be so put-out with me since they already have the article they were looking for because of me. And they're holding it there until this other half arrives —which is his body— to frolic about in those baths of sulfur."

"May he enjoy the hot coals!" said Don Cleofás.

---

146   In this case, "Thieves" was given as a title of honor, as in a "good thief." See Richard Ford, *A Handbook for Travellers in Spain*. (London: Murray, 1855) p. 881. https://archive.org/stream/ahandbookfortra02fordgoog#page/n429/mode/2up/search/l adrones

Meanwhile Rufina was so engrossed in looking at the Calle Mayor that she paid no attention to them, and the Limping One turned to her and said:

"Now, Hostess, we're coming to the place where you will have your wishes fulfilled. Over there is the Puerta del Sol and the armory for the best fruit in Madrid.[147] That beautiful fountain of lapis lazuli and alabaster is part of the Buen Suceso[148] where, like in a dispute between creditors, the Galician and Asturian water-sellers are reveling in their seniority over filling their jugs with water. Over there is the monastery of Victoria, of the Minim friars of San Francisco de Paula,[149] the image of that humble and angelic prodigy who, in the palace of God, occupies the seat of our splendid prince Lucifer. And look in front there, at the very portraits that I promised to show you."

But the Mulatta was paying no attention to what the Limping One had been saying to Don Cleofás, and she said:

"What a beautiful line of ladies and gentlemen: they look like they're alive!"

"The first one is our lord, the King," said the Limping One.

"What a fine man he is!" said the Mulatta. "He has such a handsome mustache, and his face, and the art too, show him to be the very picture of a king! And next to him our lady the Queen is so beautiful: she is so well dressed and coiffed! May God keep her! And that golden child behind them: who is he?"

"Our lord the Prince," said Don Cleofás. "I truly believe that God created him in the image of the angels."

"God bless him," replied Rufina, "and may my eye not harm him.[150] And may he live longer than the world and never become his father's inheritor, and may his father live more years than there are battlements in his monarchy. Oh, sir!" continued Rufina. "Who is that gentleman who seems to be dressed in Turkish clothing, with that beautiful lady at his side dressed in Spanish fashion?"

"Those," said the Limping One, "are not Turkish garments. They are what is worn in Hungary, since he has been King of Hungary. He is Ferdinando of Austria, Caesarean emperor of Germany and King

---

147   There were many fruit sellers in the Puerta del Sol.

148   A plaza in Madrid.

149   Francis of Paola (1462-1507) founded the order of Minims. The monastery of Victoria, founded in 1561 in the Puerta del Sol in Madrid, remained in place until 1836.

150   Refers to the "evil eye" of witches.

of the Romans, and his wife, the Empress María, Serene Princess of Castile. And," turning to Don Cleofás, "even we devils honor their nobility."

"Who is that man with such a handsome face and such a dashing head of hair?" asked the Mulatta. "He's also in that group, dressed as a soldier. He's so gallant, so dashing and so elegant that all eyes are on him and everyone in the audience is looking at him."

"That is the most Serene Prince Don Fernando,"[151] replied the Limping One. "He governs the states of Flanders in place of his brother, and he is the archbishop of Toledo and the cardinal of Spain. He has provided Hell with the greatest admittance of French and Dutch that it's ever had, from the time the eternity of God was performed there, and that even includes the invasions of Xerxes and Darius[152]. And I think he will give seats to the Lutheran, Calvinist and Protestant women who follow their husbands' sects, and there will be so many that on most days purgatory will have to refund their money."

"If I could," said the Mulatta, "I would like to give him a thousand kisses."

"He's in a country," said Don Cleofás, "where the original will have a lot of business in that line. Because Judas spread that ceremony around in those countries."[153]

"Oh, it's so sad," said Rufina, "that it's growing late and the pageant of Calle Mayor is becoming dark!"

"They've all gone down to the Prado," said the Limping One, "and now there's nothing to see. Take back your mirror. On another day we'll show you the Manzanares River in it. They call it a *giggling river* because, since there's no water in it, it *giggles*[154] at the people who go to bathe in it, and it's only wet sand. During the summer it runs at night, like the counterfeit river of money of Navarre,[155] since it is the most feasted on of all the rivers in the world."

"What makes it so full," said Don Cleofás, "is that it holds more men, women and coaches than there are fish in the two oceans."

---

151   Cardinal-Infante Ferdinand of Austria (1609-1641).
152   Darius I, (Darius the Great), (550 BCE-486), was king of Persia from 522 BCE to 486. His son, Xerxes (519 BCE-465) ruled Persia from 486 BCE–465.
153   The custom of men and women greeting each other in public with a kiss, a practice that was not common in Spain (FRM 178-79, 28).
154   In Spanish, *río*: a "river", and *se ríe:* "laughs."
155   The money of Navarre was not legal currency in Castile, and was brought in under cover of darkness (FRM 180, 6).

"I was astonished," said the Limping One, "that you didn't go back by way of your river. That's the reply to the Biscayan who said: 'Either sell the bridge or buy a river.'"

"Madrid doesn't need a bigger river," said Don Cleofás, "since so many people there choke on just a drop in the bucket. And that town councilor, who went into the Town Hall of the frogs of the burned Mill, would choke on even less."

"How charming you are, Don Cleofás," said the Limping One. "Even going against town councilors!"

At this point they came down from the rooftop, while Rufina kept insisting to the Limping One that he needed to keep his promise the following day. All of this, and other things that happened, will await the next leap.

Leap IX

S o, taking up the business of the previous night, although the streets of Seville are mostly daughters of the Labyrinth of Crete, as the Limping One was the Theseus of them all without Ariadne's ball of thread,[156] they came to the neighborhood of the Duke. It is a plaza larger than the others, and is adorned with the sumptuous houses of the Duke and Duchess of Sidonia. On its coat of arms and crown there appears a child with a dagger in his hands, a second Isaac in his act of obedience like the first one, for he died as a sacrifice of loyalty to his father, Don Alonso Pérez de Guzmán el Bueno, the warden of Tarifa.[157] It is the permanent lodging of the magistrates of Seville, and today it is held, with great approval, by the Count of Salvatierra, gentleman-in-waiting to Prince Fernando and second Lycurgus[158] of the government. Then proceeding down the street of the Armas, off to the left, and going into a large room at the entry level, with wide-spread bars that revealed some lights, they saw many well-dressed people seated in rows. One of them was in a chair with a desk in front that had a small bell, writing pens and paper. Two acolytes were at the sides, and some women wearing cloaks that partly covered their eyes sat on the floor, in a space between the chairs. The Limping One said to Don Cleofás:

---

156 In Greek mythology, Theseus enters the labyrinth in which the Minotaur (half bull and half man) is held, and kills it. He is then able to find his way out of the labyrinth, using a ball of thread that Ariadne has provided to him.

157 Alonso de Guzmán (1256-1309) defended the castle of Tarifa against the Moors and the rebellious brother of Sancho IV of Castle, the Infante Don Juan. Guzmán's son was held by Don Juan, who threatened to kill him if Guzmán did not surrender the city. Rather than surrender, Guzmán reportedly offered his own knife for them to do the deed. In the Biblical story, God orders Abraham to sacrifice his only son, Isaac, as proof of his obedience; in this tale, when Abraham is about to kill Isaac, God stays his hand.

158 Legendary lawgiver of Sparta (ca. 900-800BCE).

"This is an academy of the greatest minds in Seville.[159] They meet here to discuss things concerning their profession, and to recite poetry on different subjects. And since you are a man inclined to this faculty, go inside if you like, and amuse yourself. Since we are guests and strangers, we will be made to feel very welcome here."

Don Cleofás replied:

"We could find no better entertainment anywhere. Let's go in."

And with the Little Devil holding up two pair of eyeglasses with guitar strings for over the ears –a disguise he had taken from two dis-respectful souls who, in using this contraption, were masking their dis-courtesy of sleeping (and doing so both day and night)– they very solemnly entered the Academy. It was being sponsored, with his cus-tomary lavishness, by the Count de la Torre, Ribera y Saavedra, y Guzmán, and the great head of the Riberas. The president was Antonio Ortiz Melgarejo,[160] of the Order of San Juan, an eminent genius of Music and Poetry, whose home was always the gallery of Poetry and Music. The secretary was Alvaro de Cubillo,[161] an extraor-dinary man from Granada who had come to Seville on important business, and who was also an excellent actor and great writer of poetry, with that Andalusian fire which all those who are born there possess. And Blas de las Casas,[162] an attorney and a divine spirit in matters both divine and human. Recognized among the other academics were Don Cristóbal de Rozas and Don Diego de Rosas[163], outstanding geniuses who have graced dramatic poetry, and Don García de Coronel y Salcedo,[164] phoenix of the humanities and Andalusian Pindar[165] of the first order.

They all stood when the strangers entered, and they had them sit in the best places available. The Academy grew silent when the President's tiny bell sounded. He mentioned some poems on themes that had been given in the past, and that ended with the ones Doña Ana

---

159   The setting in this Academy is accurate and the people mentioned here are drawn from life. http://www.historicalsoundscapes.com/evento/286/sevilla/en

160   (1580-?).

161   Álvaro de Cubillo de Aragón (1596?-1661).

162   Blas de las Casas Alés.

163   These two may have been brothers. See Cayetano Alberto de la Barrera y Leirado, *Catálogo bibliográfico y biográfico del teatro antiguo español.* https://books.google.com /books?id=qZrkS3YVahcC&pg=PA344&lpg=PA344&dq=%22Diego+de+Rosas%22& source=bl&ots=oJ7N_Ykfux&sig=YtewmBtKa8d31gDx60N-

164   This writer was a close friend of Vélez de Guevara (FRM 187, 13).

165   Pindar (c. 518bce–c.438 BCE), great lyric poet of ancient Greece.

Caro,[166] the tenth muse of Seville, had read, with a *silva*[167] to the Phoenix. Then the President asked the two strangers to honor the Academy by reciting some of their own poetry because, having come inside to hear the verses of others, they could not fail to have very good ones themselves. Don Cleofás did not need to be asked twice, and to show that he was a born-and-bred deft and courtly Castilian, he said:

"I shall obey, with this sonnet that I wrote for the masquerade ball of our lord, the King, that took place in the in the Meadow above, next to the Buen Retiro, the great amphitheater that outshines the monuments of the ancient Greeks and Romans."[168]

They all became silent, and with a clear voice and elegant gestures, he recited the following:

SONNET
He who, greater than man,
Clothed in his own august splendor,
Holds the sun as his viceroy, and in greater climes
His illustrious name is embraced.

He who, born upon a zephyr,
Among the city dwellers
Of Betis,[169] where –rather than graze on flowers–
He drank feathers, in order to be a bird.

He who challenges light and river rapids,
In the greatest arena ever seen on land,
as viewed by the star-filled monarchy,

Is, despite the concern for the barbarians,
The Great Filipo who, adjudicator of the day,
Is sharing empires with Heaven.

The entire Academy applauded him with cheers and long, drawn out shouts of praise. Then the Limping One prepared to deliver an-

---

166   Ana Caro de Mallén (1565-1652).
167   Type of poetry in Spanish consisting of hendecasyllables and heptasyllables.
168   The poem presented here was, in fact, written by Vélez de Guevara, for the cited masquerade ball that took place on the evening of February 15, 1637 (FRM 189, 1).
169   The Guadalquivir River in Seville.

other, and coughing –as is the custom with men,– he, being a spirit, said the following:

To A Tailor Who Was Such A Gentleman That He Did Not Want To Cut The Clothing Of His Friends, And Handed Them To His Assistant Instead

Pamphilus, since the eternal gods,
With the secret purpose of their judgment,
Have made you neither a tribune nor a patrician
That you might dare to the worthiness of Caesar,

It is only fitting that your spirit should rest,
And make offering and sacrifice in you,
For those who cut what you do not sew
Say that you do not attend to your office.

Turn your eyes to your first condition;
Sew the togas and refrain from wearing them;
For a plebian does not aspire to consulship.

This, Pamphilus, Rome advises you.
Let them not say that with the feathers you have stolen
You wish to clothe yourself, like a crow.

The sonnet was very warmly received by the entire Academy, with the most noteworthy saying that it was like an epigram of Martial,[170] or that it was composed by a poet of his time who wished to imitate him. Others said that it was inspired by the Doctor of Villahermosa, the divine Juvenal of Aragón.[171] The Count de la Torre asked Don Cleofás and the Limping One to honor that gathering while they were in Seville, and to tell them the pseudonyms which they were to use while attending the meeting, the way it was done in the Academy of La Crusca,[172] and in that of Capua, Naples, Rome and Florence, in

---

170   Martial (CE c. 38–c. 103), Roman poet, born in Spain, who created the modern epigram.

171   A reference to the Spanish poet and historian, Bartolomé Leonardo de Argensola (1562-1631).

172   Accademia della Crusca, founded in Florence in the sixteenth century (FRM 190, 20).

Italy, and as was the custom in this Academy as well. Don Cleofás said that he was called the *Deceived One*, and the Limping One said that he was the *Deceiver*, without explaining the basis for the two names. Then, handing out the materials for the next meeting of the Academy, they named the *Deceived One* as its president, and the *Deceiver* as its magistrate, because the position of secretary never changed. They paid them this courtesy as foreigners, and because everyone felt that they had outstanding talent. Then one of the veiled women took out a guitar which had been quietly tuned, and along with two other women, they sang a wonderful ballad, in three part harmony, by Don Antonio de Mendoza,[173] a great writer from Santander, and eminent master of lyrical style whose divine music cannot be praised highly enough. And so the academy was concluded for the evening, with each person retiring to their homes, although it was still early, not yet being nine o'-clock. So Don Cleofás and the Limping One went down to the Boulevard, intending to take some fresh air at the Almenilla, the beautiful bulwark that holds back the Guadalquivir River to keep it from flooding the extensive and magnificent avenues of that great town. They soon came in sight of San Clemente el Real, which lay on the left side of the road: that distinguished convent of nuns, who are the leading ladies of the entire neighborhood, and of vassals beyond it. It is the magnificent patronage of Kings, founded with its name by the saintly king Don Fernando, because the date that the city was taken back from the Moors was the feast day of San Clemente.[174] The Limping One said to Don Cleofás:

"This royal building is the sacred cage of a seraph or Seraphina,[175] who was the greatest and sweetest nightingale of the River Tagus, whose divine and foreign voice went beyond human hearing, and ascended in harmonious tones to approach the celestial sanctuary, a wonder never before seen in music or in nature, but still not exempt from envy."

While he was entertaining his companion with these hyperboles (truths that rarely come out of his mouth), they turned into another street seldom traveled by anyone at these hours. And they heard great outbursts of laughter and sounds of gaiety coming from the lower level

---

173   Antonio Hurtado de Mendoza (1586-1644).
174   November 23. The monastery was founded in 1248.
175   May refer to a nun named Ana Sarafina, from Lisbon (FRM 192-93, 13).

of a house, a humble building with signs of having a garden by some
small bars of a railing rather high off the ground, fleetingly seen by
some flashes of light and scarcely noticed by passers-by. Don Cleofás
asked the Limping One what sort of house this was, where they were
partying at this time of night. The Little Devil replied:

"This is the hangout of poor people: men and women come here
after they've been out begging all day long, to entertain themselves and
gamble, and to give out the names of places where they're going to beg
the following day so they won't interfere with one another. Let's go
inside and amuse ourselves for a while. I'll use my power to make us
invisible so that no one will see or hear us, and we'll look over this con-
clave of Saint Lazarus."[176]

And with these words, taking Don Cleofás by the hand, they went
in by a small balcony on the right side of the poor little room, because
a porter was at the door to let in only those that they wanted and those
who were physically deformed. Going down a winding staircase to a
rather spacious room on the ground floor, with windows that over-
looked a small garden of nettles and hollyhocks, like people who had
been born in them,[177] they found it filled with a very orderly group of
poor people who had come there. They were beginning to play the card
game, *rentoy*, for bottles of Alanís and Cazalla,[178] which are never af-
fordable in that region, and there were some spectators too, seated and
standing. The table they were playing on was made of pine. It had three
legs and a false one, so it could have gone out begging too, just like the
rest of them. There was a clay candle-holder with a candle made of
pitch, and the cards were so moldy that they were almost like dried
beef from being handled so much by those princes, while the money
handed out by the winners was placed on the candle-holder. And to
the other side was the platform for the ladies, on a mat of straw left
over from the previous winter. All those men and women were so full
of patches that it looked like they had cut their clothing from pieces of
jasper found in garbage heaps. And at the very moment Don Cleofás
and his companion came in, a beggar woman cried out: "Here comes
the Limping Devil." Don Cleofás immediately turned pale, and said
to his comrade:

---

176   Lazarus, the beggar in the Biblical parable: Luke 16:19-31.
177   "Haber nacido en las malvas" (A colloquialism –born in the mallows): that is, people of
      humble birth. (FRM 194, 17).
178   Well-known wines of Andalusia (FRM 194-95, 20).

"They've recognized us, I'll swear to God."

"Don't worry," replied the Little Devil. "They didn't recognize us: I've already told you, they can't even see us. The beggar woman was shouting about this other person who's coming in right now. He has a wooden leg, and a crutch in his hand, and he's taking off his cap. And they all give him the bad name of Limping Devil, because he's a rascal, a bad sort, a liar and a thief. I'm completely fed up with him and with the women because of the name they gave him: they're mocking me by using it, and it's really gotten on my nerves. But tonight, I believe I'll have my revenge, even if it's at someone else's expense."

"They were a hare-brained lot to take you on," said Don Cleofás. "You're the most rascally devil in hell, and anybody who tries something like that is sure to be in for it."

"These poor fools," said the Limping One, "since they're from Seville, they make a show of having moxie, and they'll pick a fight with devils. But this fellow won't brag about getting away with this dodge, if I have anything to say about it. Because there are only three kinds of people who have dared to challenge me in this world: actors, blind men and the poor. All the other charlatans and people of their sort pass for devils like me."

By this time, Woodstump, the second Limping Devil with this name, had found a seat on the floor, paying all sorts of compliments to the ladies. Then the Bat came in (He was given this name because he went out begging at night, screeching as he went along), and also Soupinwine who had run into him, squatting down in a tavern, and was recognizable by the cloud of mosquitos coming off him as though from a huge wine barrel. Kazoo and Rooster invited them to take a seat: the first of these sang as he went along begging in the summer afternoons, waking up even the dormice; the other went out begging at dawn. But they sat on the floor because anything higher than that bowled them over. Then a poor fellow came in on a little cart. He was called the Duke, and everyone –both men and women– stood up to pay their respects. And taking off a little cap that had once been used for covering up a well pulley, he said:

"For love of me, sit down, ladies and gentlemen, or I'll go away."

They did not want to offend him, and as the boy pulling the cart brought it over to the table where they were gambling, he asked them to deal him the cards. Pharaoh, who was one of the players (and was given this name because he plagued[179] the doors of churches with his begging) and the Sargent (given this name because he had only one arm) asked his excellency to let them play because they were cut-throat rivals, and afterward they would do whatever he said. The Duke took up company with the Marquis of Clogs, a poor fellow who had to drag himself along, but was very handsome from the waist up, and who was keeping the ladies amused. And the Duke said to him:

"I'll stay with your excellency, since you're such a lucky fellow."

But the ladies had no use at all for either of them.

The Dispatcher (given this name because she begged all over the place, leaving no street or neighborhood untouched, day in and day out) had words with Pillar (who was as tall as her name, and had been the pathway of the dirty rivers Esgueva and Zapardiel[180]) about flirting with the Duke. And Scolder (who was given this name because she cursed anyone who wouldn't give her money) was in a tiff with Galleon (who received this name because she had an artillery of little kids that she hired to help her beg) over some loaded words she had said to the Marquis without his lordship having given her any reason to do so. And Lizard and Crusty jumped in to mix it up even more. And Wood-stump stepped in, along with both of the Powers-of-Hercules, who were two poor men, one on top of the other; and if Scarfing-Up-Alms –who was the keeper of the gaming house– hadn't interfered, along with Carthorse-the-Boatman, and Bodacious Funnelmouth, Dart-gulper, Runty, Nosy and Sopchoker, there would have been a down and out brawl of the poor –both men and women– to beat all. The Duke and the Marquis interjected their authority, and to quiet every-thing down, they passed the hat to pay for some performers that Wood-stump then brought in. These were some blind men with a Zamoran bagpipe, who were found close by. They had to pay in advance to get them to rouse themselves up, and they agreed on thirty *cuartos*.[181] The Duke said that no one had ever paid so dearly for a performance, and he swore that was true on the Duchess's life. And at the same time that Woodstump came in with the performers, Cienllamas came right behind them with his baton at the ready, along with Chispa and Redina. And he asked:

---

179   The Biblical account of the plagues visited upon Egypt is given in the book of Exodus, chapters 7-11.

180   Two rivers that were infamous for being so dirty and foul smelling.(FRM 198, 11).

181   Early Spanish coins.

"Which one of you here is the Limping Devil? Because I've gotten wind that he's here in this poor man's honky-tonk, and none of you are going to leave until I find out who each and every one of you are. Because I'm going to take my man prisoner."

The poor men and the poor women flew into an uproar when they saw the law in their gambling house, and the real Limping Devil –like one who leaves his cape to the bull– left Cienllamas to feed on all the poor, while he and Don Cleofás got out of the honky-tonk, using the staircase again.

"It's him!" said the Duke, pointing at Woodstump. "Because we, and all men like us, won't defend such terrible crooks from the hands of the law." By saying this, he was taking revenge for some lies the other one had told them concerning the soup alms in the convents. And as Chispa and Redina lay hold of him, Woodstump began to cry out for Sanctuary[182] (and he would have done the same thing in a tavern), insinuating that they were in a hermitage and not a gambling house, and that all the men and women had come to pray there. But Cienllamas and Chispa and Redina began to drag him out, saying, as they jerked him around and slapped him:

"Don't think for a minute, you thief, that you're going to slip out of our hands with those lies of yours. We know who you are."

Then the Marquis, putting his hands into his clogs, said:

"Why shouldn't we contradict the Duke, and stop this bailiff from making a prisoner out of a poor fellow like the Limping Devil? On the life of the Marchioness, they're not going to take him!"

And with the other poor men and poor women doing their part, they turned off the lights. Then they began to shove him and his fellow bailiffs around in the darkness, using chairs and crutches and staffs. And with the blind men playing the Zamoran bagpipe and other instruments –making such a racket that no one could hear anyone else– the mad hullabaloo ended at daylight, and all the beaten ones disappeared.

---

182   A sacred place, as a church, where during medieval times fugitives from the law were immune from arrest.

LEAP X

A t this moment, attempting to get away from those
quarters and with Cienllamas on their trail, Don Cleofás
and his companion came to the steps of the cathedral.
There they saw two distinguished and fashionably
dressed soldiers arriving by coach, behind a postilion driver. The
Limping One said to Don Cleofás:

"These people are going to get off at Caldebayona or Pajería Street
and find an inn, and they're your lady and her companion, the soldier.
And to reach their journey's end more quickly, they left their carriage
behind and took a team of horses."

"I swear to God," said Don Cleofás, "that I'll kill him before he gets
off, and I'll cut the legs[183] of Doña Tomasa!"

"That will all be done without any risk to you," said the Limping
One, "and there won't be any public spectacle either. Just do what I tell
you to now, and you'll be very well satisfied."

"You've calmed me down there," said Don Cleofás. "I was having
a fit of jealousy."

"I know what sort of illness that is," said the Little Devil. "It's like
being in the middle of hell. Let's go to our Mulatta's house now. You
can have a little something to eat, and then turn all those troubles into
dreams. And don't forget: you're going to be the president of the
Academy, and I'm going to be the magistrate."

"By gad!" said Don Cleofás. "With all these trials, I completely
forgot about that. But as men of honor, we do need to keep our word."

On the following day they moved from Rufina's lodgings to a different and more secure place on Morería Street. And during the days

---

183 A grave affront given to prostitutes (FRM 206, 6).

they still had left before the meeting of the Academy, they spent the time studying and writing about the subjects they had been assigned. Don Cleofás wrote a speech as a prelude, as is the custom and duty of presidents of such events. When the day arrived, they dressed up as finely as possible, and that evening they went to the hall where all the best minds were awaiting them, while admiring their minds as well. And with the same anticipation (and glasses) they'd had for the previous session, they sat down in their designated places. Then, ringing the little bell to call for quiet, Don Cleofás, who was called *The Deceived* in the Academy, read an excellent speech in verse form, whose cadences rallied their ears to applause, while their amazement gave way to praises. And as he delivered the last word, which is *Dixi*,[184] and making the silver bird ring again, he said:

"Now, after my speech, I would like to act presidentially by introducing some rules for the divine geniuses who have honored me with this office." And drawing a folded paper from his breast pocket, he read the following:

"Rules And Ordinances To Be Kept By The Ingenious Academy Of Seville From This Day Forward."

"And so that they may they be celebrated and presented with all due solemnity, with the four winds serving as drums, and on the trumpet the Musician of Thrace,[185] a great husband who, on behalf of his wife, *descendit ad inferos*, and Arion,[186] who was thrown into the sea by the pirates with whom he was sailing so that they could rob him; and at the sound of his instrument a dolphin gave him a saddle to ride on its scaly back so that he would not drown, *et coetus, et Amphion Thebanae conditor Urbis*.[187] And with Fame as the town-crier, let these ordinances be spread to the provinces and to the four elements, and with Vergilius Maro, prince of poets as the secretary who speaks them, let them say the following:

"Don Apollo, by the grace of Poetry, king of the Muses, prince of Dawn, count and lord of the oracles of Delphi and Delo, duke of Pindus, archduke of the two Faces of Parnassus and marquis of Pe-

---

184   End of speech.
185   Orpheus.
186   Arion: semilegendary Greek poet and musician, said to have invented the dithyramb.
187   Horace: *Epistles*: II, 3.

gasus' Spring, etc., to all the heroic, epic, tragic, comic, dithyrambic, dramatic, otherworldly poets, and those of interludes, of dance music and caroliners, and all the others in our domain, both secular and ecclesiastical, may you have health and rhymes. Be it known: after observing the great shambles and detritus with which those who handle our *rhythmums* have lived up to now; and there are so many of these who, having no fear of God or of their own consciences, compose, write and invent verses, snatching and pilfering, day and night, the various styles, conceits and manners of speech of their betters, not imitating them with the temperance and periphrasis counseled by Aristotle, Horace and Giulio Cesare Scaligero,[188] and the other advisors who watch over our Poetics, but rather patching them together with strips of others, and making counterfeit copies of verses, along with trickery and deceit; in order to put an end to this, as is only just, we demand and decree the following:

"First, it is ordered that everyone must write in Castilian Spanish, without putting in words from other languages. And anyone who writes *fulgor, libar, numen, purpurear, meta, trámite, afectar, pompa, trémula, amago, idilio*,[189] or any others of this sort, or who puts in foolish mixed-up syntax, must be barred from being a poet at two sessions of the Academy. And if he does it a second time, his syllables shall be confiscated and his rhymes sown with salt as traitors to their mother tongue.

"Next, no one shall read verses aloud in syrupy language, or with any gargling racket in their *guttur*.[190] Instead, it must be done with our Castilian Spanish pronunciation, on pain of having no one listen.

"Next, for all the celebrations in honor of the phoenix in the last academy, with so many different kinds of poems, and as many others have done on so many occasions, heaping words of praise on this bird and calling it a daughter and heir of itself or a bird of the sun, without taking its hand or having met it unless it was to praise it; with no discovery of its nest, and as it is a Bedouin of birds since no one has found its tents anywhere: For these reasons, we demand that in its memory there shall be perpetual silence, attentive to the fact that it is of superstitious prestige, and that it is a bird of benefit to nobody. For its feathers do not appear in courtly or military array, no one has written

---

188 Italian scholar (1484–1558).
189 Many of these words, neologisms in the time of Vélez de Guevara, are in accepted usage today.
190 *Guttur*, Latin for "gullet."

with them, its voice has lent no music to any melancholic, nor have its breasts been food for any invalid. It is a goblin bird, for they say it exists, but no one can find it, and it is a bird that exists only for itself. Finally, its blood is suspicious,[191] for it has no ancestor that has not been burned.[192] There is, in the world, the celestial bird, the swan, the eagle –and Jupiter was no dummy since he chose it to be his ambassadress,– the heron, the falcon, the Venus dove, the pelican –representing the predicament of the wretched[193]– and, finally, the capon kept in a fattening pen, in comparison with which all the others are mere scoundrels. This last one should be praised, and the phoenix, being its devotee, should be allowed to kill it when the phoenix really needs something to eat. May God forgive Claudian[194] who celebrated this imagined piece of foolery, so that all poets could also sin with it.

"Next, as it has come to our attention that there is a line of poets, male and female, almost courtly, who are living a more rigid life than monks in the Paular monastery[195] because they wish to express their ideas with eight or ten words alone –and these are *credit, discredit, modesty, dross, rage, outrage, watchful, esteemed, disadvantaged, misfortune, incorrect, enlarging upon*– and leaving God alone to understand them, we order that they be given fifty more words as a grant from the treasury of the Academy, so that they may make use of them. With the proviso that, if they do not do so, they shall incur the penalty of going insane, and of not being understood, as though they were speaking the Basque tongue.

"Next, in dramas: Ambassadors shall not be disrespectful to kings, and from this point onward messengers of bad news shall not be punished. And no prince in a drama shall pretend to be a gardener with any princess, and the women of León who have been falsely accused shall be given back their honor, to the sound of the hornpipe. Comedic servants shall not intrude on royalty unless it be in the countryside, or on the streets at night. When going to sleep without rhyme or reason,

---

191 Purity of blood (limpieza de sangre) was an obsession in Spain beginning in the fifteenth century and lasting into the nineteenth. Jews and Moors who had converted to Christianity were under great suspicion.

192 According to legend, the phoenix dies in fire, and its offspring is reborn from the ashes of that fire. Also a reference to the execution of heretics by the Inquisition.

193 In the bestiaries, the pelican is represented as being self-sacrificing, tearing open its breast to give life to its young with its own blood.

194 Claudius Claudianus, (ad c. 370–c. 404) Latin poet.

195 A famous Carthusian monastery in Madrid.

one is not to say: 'Sleep is upon me,' or utter any other verses just because of the sound of the words, like saying *my-king*, 'because it is only *fit-ting*,' or *fa-ther*, 'because it suits my *ho-nor*,' or anything similar: 'I am driven into a fury,' 'Just between the two of us,' and other gross words. Nor that they beg forgiveness without really meaning it, saying:

'Because the sound of a word dictates
'What a man does not think.'

And any poet who falls into the trap of using them from this time onward, the first time the audience shall groan, and the second time he shall be condemned to serve his Majesty with two dramas in Oran.[196]

"Next, the most experienced poets shall take turns giving out, as charity, sonnets, chansons, madrigals, silvas, décimas, ballads and all other types of verses to shame-faced poets who go out begging at night, and shall give asylum to those who have become ill from making glosses or who are lost in the *Soledades* of Don Luis de Góngora.[197] And let there be a salon in the Academy where a soup of verses may be given out to beggar-poets.

"Next, let there be instituted Brotherhoods –the Hermandad and the Peralbillo[198]– against the poets of hills and of wild boars.

"Next, we order that dramas about Moors shall be baptized within forty days time or be expelled from the kingdom.

"Next, no poet may, out of necessity or love, be a shepherd of goats or sheep or any other like animal, unless he be such a Prodigal Son that, in squandering his rhymes on illicit things, he has none left with which to call himself a poet. In that case we order, under penalty of sin, that he shall keep watch over hogs.

"Next, no poet shall dare speak badly of other poets, unless it be twice a week.

"Next, any poet who is writing a heroic poem must take no more than one and one-half years to finish it; and should he dawdle any longer it must be understood that it is the fault of the muse. Satirical poets must not be given a place in the academies, and are to be considered outlaw poets, outside of the guild of noble poetry, and the

---

196 On the coast of Algeria where Spanish nobles and rich men were sometimes sent as punishment for their crimes.
197 Spanish poet (1561-1627) who wrote in a convoluted Baroque style.
198 The constabulary. See note 98.

reward for the capture of their rhymes is to be announced just as it is for criminals of the republic. And if any son of a poet does not write verses himself, he may not swear on the life of his father, for he is apparently not his son.

"Next, the poet who serves any lord, whatsoever, is to die of hunger for doing so.

"And finally, these rules and ordinances must be obeyed and executed as if they were laws established by our princes, kings and emperors of Poetry. Let them be proclaimed publicly so that they may come to the attention of everyone."

The *Deceived One's* paper was highly celebrated as outlandish and capricious. And as he was finishing, the *Deceiver* (as he was called in the Academy and in the three hemispheres,[199] and being the magistrate of the present one) reached into his pocket and pulled out another, and it said the following:

"FORECAST AND ALMANAC FOR THE COMING YEAR, AT MIDDAY IN SEVILLE AND MADRID, FOR POETS, MUSICIANS AND PAINTERS. COMPOSED BY 'THE DECEIVER,' ACADEMICIAN OF THE ILLUSTRIOUS ACADEMY OF BETIS,[200] AND DEDICATED TO SNICKER-SNACK, THE PROTODEVIL AND POET OF GOD OFFERS BEST WISHES TO YOU."

A sheriff of the Group of Twenty[201] interrupted these words; outfitted with studs (or bailiffs) —and so many that, if they had been of silver, he could have competed with the captaincy and admiralty of the galleons on their return journey with the innards of Potosí, and the hearts of those who await them and bring them. Also appearing were Doña Tomasa and her soldier, who came by post coach to witness the enforcement of their summons. The Academy was startled by this unexpected visit, and the cocky Sheriff said:

"Don't be upset, your graces. I've come here to do my duty and arrest no less than the President, because I have orders from Madrid, and I will carry them out as the Gospel."

---

199   A suggestion that Hell is the third hemisphere (FRM 219, 16).
200   Betis: see footnote 169.
201   Alguacil "de los veinte": a group of marshals in Seville that went about on horseback (FRM 220, 4).

The academics protested loudly, and Don Cleofás's hair stood on
end, straight and tall, and the Magistrate, who was the Limping One,
said to him:

"Don't worry, Don Cleofás. Just let him arrest you. We won't be
sunk this time. I'll get you out of all this, safe and sound."

And turning to the others, he told them the same: that they should
put up no resistance to this turn of events. That, if necessary, he and
the *Deceived One* would put the fear of God into every one of the bailiffs
in Seville.

"Here stands a man," said a corpulent student of the Corpus, and a
graduate of the Feria and the green banner,[202] "who, if I have to, will
toss every last part of a certain minister in a blanket, including his ears.
And that's the least of what these gentlemen will do."

The Sheriff carried on with his business without getting involved
in any verbal squabbling, wanting more to use physical force to carry
out his work. And Doña Tomasa gripped her sword and held out her
cape, ready to do battle next to her soldier. And besides being haughty,
she was very skilled, as she had practiced arms to the point where she
would see anyone who refused to pay his debts to her put in prison,
while she remained scot-free. The Limping One went after them, and
that night the Academy went haywire and died of chicken pox.

The Limping One, sidling up to the Sheriff, took him aside, and
slipping a wad of 300 *escudos* into his hand, said to him:

"My dear sir, let this medicinal ointment cool your anger: it's 150
doubloons in denominations of two each."

The instant he received them, the Sheriff replied:

"Your Graces, please forgive me: I was mistaken. The honorable Licentiate is free to go, without any penalty other than that which has already been done to him. For I have placed myself at great risk in having
made this mistake in judgment."

The soldier and Doña Tomasa, who had also rewarded the Sheriff,
were unable to change his mind, no matter how much they protested.
And by this time the two comrades were so far away that they had
reached the river and the Passage, as it is called, for going from Seville
to Triana and for returning from Triana to Seville. Taking a boat, they

---

202   Refers to an uprising in 1521 of some ruffians, carrying a green banner, in the neigh-
      borhood called "la Feria." Felipe Pérez y González: *El Diablo cojuelo: Notas y comen-
      tarios*, 1903, pp. 43-48. https://archive.org/stream/eldiablocojuelo00goog#page/n47/
      mode/2up/search/verde

slept that night along Altozano Street, the principal road of that illustrious neighborhood. And the woman of Vitigudino and her handsome
man went away, very dejected, to do the same in their lodging, while
the Sheriff went to his own, chatting incessantly with his 300 *escudos*
along the way. Not sleeping, the Limping One got up and left his companion in Triana, in order to spy around Seville and see what was happening in the situation that the two of them were mixed up in. And on
the way, he whipped up two or three squabbles in the Arenal.[203]

The Sheriff woke up earlier, elated, thinking of the *doubloons* that
he had placed under his pillows. And sticking his hand in, he did not
find them there. He got up to look for them and saw that he was
entirely caked in coal, and all the rooms of his house were the same
way, because that's the way it always happens with money that the devil
hands out. He was so hemmed in by this stuff that he had to go out
through a window next to the roof. And as he left, all the coal on him
turned to ashes. And if it had not done that, he would have had to leave
off being a sheriff and become a coal merchant, in case the coal happened to be from that oak tree in hell that never stops producing,[204]
amen, Jesus.

The Limping One couldn't stop laughing out loud when he thought
of what had happened to the Sheriff with his bribe money. At this time,
coming out of Tintores Street to the plaza of San Francisco, he had
taken only a few steps when he turned and saw Cienllamas, Chispa and
Redina following him. And throwing aside his crutches, he began to
run, and they were right behind him, shouting:

"Stop that lame thief!"

And when Chispa and Redina almost had him in their clutches,
along came one of the city's notaries, yawning, and the Limping One
jumped into his mouth, shoes and all, seeking the best sanctuary
available. Chispa, Redina and Cienllamas tried to go inside after him
and pull him out of that sanctuary, but a squad of tailors came out to
defend their jurisdiction, and they put up such a fight, jabbing and
poking, that Cienllamas had to send Redina to hell to get orders on
what to do. And what he brought back through the air was that they
should put the Limping One in hell, along with the Notary and the

---

203   The Arenal: a large esplanade between the city and the river (FRM 224, 8).
204   An allusion to an old wives' tale about an oak tree in hell that continually produces coal
      for the fires there, without its wood being diminished (FRM 225, 3).

tailors. And so it was done. And the Notary put up such a great fuss after they made him puke up the Limping One, that the judges of that jurisdiction decided to cast him out, and return him to his writing desk, while keeping the tailors hostage to make some livery for Lucifer, for the celebration of the birth of the Antichrist. Meanwhile, Doña Tomasa, disillusioned, was trying to make her way to the Indies along with her soldier. And Don Cleofás returned to Alcalá to finish his studies, having learned of the unfortunate imprisonment of his Little Devil. He was saddened to know now that even devils have their bailiffs, and that bailiffs have their devils. And so an end is given to this novel, and its maker gives thanks to God for having gotten him out of it all right. And he prays that whoever reads it will be entertained, and will not be worn out by its words and will find them pleasurable.

Bibliography

Bjornson, Richard. *The Picaresque Hero in European Fiction*. Madison: U of Wisconsin Press, 1977.

Castle, Egerton. *Schools and Masters of Fence: From the Middle Ages to the Eighteenth Century*. London: George Bell and Sons, 1885. https://books.google.com/books?id=XgYHAAA AQAAJ&printsec=frontcover&source=gbs_atb#v =onepage&q&f=false

Cayetano Alberto de la Barrera y Leirado, Catálogo bibliográfico y biográfico del teatro antiguo español. https://books.google.com/books?id=qZrkS3YVah cC&pg=PA344&lpg=PA344&dq=%22Diego+de+ Rosas%22&source=bl&ots=oJ7N_Ykfux&sig=Yte wmBtKa8d31gDx60N

Feijóo, Benito Jerónimo. *Cartas eruditas y curiosas*. http://filosofia.org/bjf/bjfc125.htm

_____. *Obras escogidas*, Nabu Press, 2011.

Ford , Richard. *A Handbook for Travellers in Spain*. London: J. Murray, 1855. https://archive.org/stream/ahand-bookfortra02fordgoog#page/n429/mode/2up/searc h/ladrones

Gibbon, Edward. *Decline and Fall of the Roman Empire*, Vol 3. https://books.google.com/books?id=UcAUvs6XD ZQC&pg=PA412&lpg=PA412&dq=roman+empe

ror+decius+fable&source=bl&ots=enY7ep91CT&
sig=-efnA6ku0CmN8vlYbgI_D8T8Q1g&hl=
en&sa=X&ved=0CC0Q6AEwA2oVChMI34XsgZ
71yAIVzTiICh1dKQIt#v=onepage&q=roman%2
0emperor%20decius%20fable&f=false]

Green, Frederick C. *French Novelists, Manners, and Ideas from the
Renaissance to the Revolution.* New York:
Frederick Ungar, 1964. "Literary academy of
Seville."
http://www.historicalsoundscapes.com/evento/286
/sevilla/en

Murray, Margaret Alice. *The Witch Hunt in Eastern Europe: A Study
in Anthropology.* Oxford: Oxford University
Press, 1921.

Mylne, Vivienne. *The Eighteenth Century French Novel: Techniques of
Illusion.* Manchester: Manchester University
Press, 1965.

Pérez y González, Felipe. *El diablo cojuelo: Notas y comentarios,*
1903.https://archive.org/stream/eldiablocojuelo00
goog#page/n47/mode/2up/search/verde.

Pliny, *The Natural History*:
http://www.perseus.tufts.edu/hopper/text?doc=P
erseus%3Atext%3A1999.02.0137%3Abook%3D8
%3Achapter%3D51#note4.

Vélez de Guevara, Luis. *El diablo cojuelo.* Edited by Francisco
Rodríguez Marín. Madrid: Espasa Calpe, 1960.

_____. *El diablo cojuelo.* Edited by Enrique Rodríguez
Cepeda and Enrique Lull. Alcalá la Real:
Ediciones Alcalá, 1968.

EL DIABLO COJUELO

por

LUIS VÉLEZ DE GUEVARA

[**Nota preliminar:** Esta edición de la novela de Luis Vélez de Guevara *El diablo cojuelo* (cuya primera edición, a cargo de Alonso Pérez. se conserva en la Biblioteca Nacional con la signatura R/31689, Madrid, Imprenta Real, 1641) es una versión modernizada de la edición de Francisco Rodríguez Marín (Madrid, La Lectura, 1918).]

Al Excelentísimo Señor Don Rodrigo de Sandoval, de Silva, de Mendoza y de la Cerda, Príncipe de Mélito, Duque de Pastrana, de Estremera y Francavila, etc.

Excelentísimo señor:

La generosa condición de Vuestra Excelencia, patria general de los ingenios, donde todos hallan seguro asilo, ha solicitado mi desconfianza para rescatar del olvido de una naveta, en que estaba entre otros borradores míos, este volumen que llamo *El Diablo Cojuelo*, escrito con particular capricho, porque al amparo de tan gran Mecenas salga menos cobarde a dar noticia de las ignorancias del dueño. A cuya sombra excelentísima la envidia me mirará ociosa, la emulación muda, y desairada la competencia; que con estas seguridades no naufragará esta novela y podrá andar con su cara descubierta por el mundo. Guarde Dios a Vuestra Excelencia, como sus criados deseamos y hemos menester.

Criado de Vuestra Excelencia, que sus pies besa,
Luis Vélez De Guevara

Prólogo a los mosqueteros[205] de la comedia de Madrid

Gracias a Dios, mosqueteros míos, o vuestros, jueces de los aplausos cómicos por la costumbre y mal abuso, que una vez tomaré la pluma sin el miedo de vuestros silbos, pues este discurso del Diablo Cojuelo nace a luz concebido sin teatro original, fuera de vuestra jurisdicción; que aun del riesgo de la censura del leerlo está privilegiado por vuestra naturaleza, pues casi ninguno de vosotros sabe deletrear; que naciste para número de los demás, y para pescados de los estanques de los corrales, esperando, las bocas abiertas, el golpe del concepto por el oído y por la manotada del cómico, y no por el ingenio. Allá os lo habed con vosotros mismos, que sois corchetes[206] de la Fortuna, dando las más veces premio a lo que aun no merece oídos, y abatís lo que merece estar sobre las estrellas; pero no se me da de vosotros dos caracoles: hágame Dios bien con mi prosa, entretanto que otros fluctúan por las maretas de vuestros aplausos, de quien nos libre Dios por su infinita misericordia, Amén, Jesús.

---

205 *Mosqueteros*: En los corrales de comedia es el que las ve en pie en el patio. *Astans in atrio scaenarium»* DRAE 1780 . Frente al escenario había un *patio* en el que se situaban de pie el pueblo llano. Se conocía como el *patio de los mosqueteros* y era el sector que más jaleo armaba en el teatro y también el más temido, ya que si la obra gustaba aplaudían con estruendo pero si la obra decepcionaba prorrumpían en silbidos, pateos, arrojaban huevos y frutas en mal estado a los actores.

206 *Corchete*: por alusión se le daba este nombre antes a ciertos Ministros que tenían los Alguaciles para llevar agarrados a los presos y delincuentes; y hoy llaman así a los Porteros de los Alcaldes. (DRAE. 1729 ACADEMIA AUTORIDADES).

Carta de recomendación al cándido o moreno lector

Lector amigo: yo he escrito este discurso, que no me he atrevido a llamarle libro, pasándome de la jineta[207] de los consonantes a la brida[208] de la prosa, en las vacantes que me han dado las despensas de mi familia y los autores de las comedias por Su Majestad; y como es *El Diablo Cojuelo*, no lo reparto en capítulos, sino en trancos. Suplícote que los des en su leyenda porque tendrás menos que censurarme y yo que agradecerte. Y, por no ser para más, ceso, y no de rogar a Dios, que me conserve en tu gracia.

De Madrid, a los que fueren entonces del mes y del año, y tal y tal y tal.

El autor y el texto

---

207 *Jineta*: estilo de cabalgar propio de la Península Ibérica, basado en velocidad y agilidad y que hoy pervive en el rejoneo y en la doma vaquera. Piruetas, cambios de pié, arrear y parar o pasos atrás y de costado, proceden de la jineta. En España, siempre se tuvo por más adecuada la jineta, e incluso se llegó a despreciar al que montaba a la brida. Don Quijote se lo explicaba así a Sancho: [...] *Cuando subieres a caballo no vayas echando el cuerpo sobre el arzón postrero, ni lleves las piernas tiesas y tiradas y desviadas de la barriga del caballo, ni tampoco vayas tan flojo, que parezca que vas sobre el rucio; que el andar a caballo a unos hace caballeros, a otros caballerizos.* [...]

208 *Brida*: *montar a la brida*. Estilo de montar propio del resto de Europa, tambien conocida como *estradiota*. El jinete, protegido con armadura completa, al igual que su caballo, encajado en una silla de altísimos arzones, con el estribo muy largo y la pierna completamente extendida, no pretendía movilidad sobre su montura, sino seguridad. Una caída del caballo lo dejaba fuera de combate pues necesitaba ayuda paravolver a montar.

De Don Juan Vélez de Guevara a su padre

SONETO

Luz en quien se encendió la vital mía,
de cuya llama soy originado,
bien que la vida sólo te he imitado,
que el alma fuera en mí vana porfía,
si eres el sol de nuestra Poesía,
viva más que él tu aplauso eternizado,
y pues un vivir sólo es limitado,
no te estreches al término de un día.
Hoy junta en el deleite la enseñanza
tu ingenio, a quien el tiempo no consuma,
pues también viene a ser aplauso suyo.
Y sufra la modestia esta alabanza
a quien, por parecer más hijo tuyo,
quisiera ser un rasgo de tu pluma.

Tranco I

Daban en Madrid, por los fines de julio, las once de la noche en punto, hora menguada para las calles y, por faltar la luna, jurisdicción y término redondo de todo requiebro lechuzo y patarata de la muerte. El Prado boqueaba coches en la última jornada de su paseo, y en los baños de Manzanares[209] los Adanes y las Evas de la Corte, fregados más de la arena que limpios del agua, decían el *Ite, rio es*[210], cuando don Cleofás Leandro Pérez Zambullo, hidalgo a cuatro vientos, caballero huracán y encrucijada de apellidos, galán de noviciado y estudiante de profesión, con un broquel y una espada, aprendía a gato por el caballete de un tejado, huyendo de la justicia, que le venía a los alcances por un estupro que no lo había comido ni bebido, que en el pleito de acreedores de una doncella al uso estaba graduado en el lugar veintidoseno, pretendiendo que el pobre licenciado escotase[211] solo lo que tantos habían merendado; y como solicitaba escaparse del «para en uno son» (sentencia definitiva del cura de la parroquia y auto que no lo revoca si no es el vicario Responso, juez de la otra vida), no dificultó arrojarse desde el ala del susodicho tejado, como si las tuviera, a la buharda de otro que estaba confinante, nordesteado de una luz que por ella escasamente se brujuleaba, estrella de la tormenta que corría, en cuyo desván puso los pies y la boca

---

209   *Baños de Manzanares*: en el siglo XVII, la carencia de baños era sustituida por los madrileños con los baños en el río Manzanares, quedando las mejores zonas y más cercanas a la villa reservadas a reyes y aristocracia, con fiestas más atrevidas que galantes, si ha de creerse lo escrito por algunos literatos del Siglo de Oro Español. Entre tanto el pueblo se reunía en las romerías a orillas del río, bien documentadas en tiempos de Felipe IV

210   *Ite rio est*: Ver nota 21 *The Limping Devil*, en este volumen.

211   *Escotase* (2 r., 2) 'Pagar la parte o cuota que toca a cada uno de todo el coste hecho en común por varias personas' (DRAE, s. v. escotar).

a un mismo tiempo, saludándolo como a puerto de tales naufragios y dejando burlados los ministros del agarro y los honrados pensamientos de mi señora doña Tomasa de Bitigudiño, doncella chanflona que se pasaba de noche como cuarto falso, que, para que surtiese efecto su bellaquería, había cometido otro estelionato[212] más con el capitán de los jinetes a gatas que corrían las costas de aquellos tejados en su demanda y volvían corridos de que se les hubiese escapado aquel bajel de capa y espada que llevaba cautiva la honra de aquella señora mohatrera[213] de doncellazgos, que juraba entre sí tomar satisfacción de este desaire en otro inocente, chapetón[214] de embustes doncelliles, fiada en una madre que ella llamaba *tía,* liga donde había caído tanto pájaro forastero.

A estas horas, el Estudiante, no creyendo su buen suceso y deshollinando con el vestido y los ojos el zaquizamí[215], admiraba la región donde había arribado por las extranjeras extravagancias de que estaba adornada la tal espelunca, cuyo avariento farol era un candil de garabato[216], que descubría sobre una mesa antigua de cadena papeles infinitos, mal compuestos y desordenados, escritos de caracteres matemáticos, unas efemérides abiertas, dos esferas y algunos compases y cuadrantes, ciertas señales de que vivía en el cuarto de más abajo algún astrólogo, dueño de aquella confusa oficina y embustera ciencia; y llegándose don Cleofás curiosamente, como quien profesaba letras y era algo inclinado a aquella profesión, a revolver los trastos astrológicos, oyó un suspiro entre ellos mismos que, pareciéndole imaginación o ilusión de la noche, pasó adelante con la atención papeleando los memoriales de Euclides y embelecos de Copérnico; escuchando segunda vez repetir el suspiro, entonces, pareciéndole que no era engaño de la fantasía, sino verdad que se había venido a los oídos, dijo con desgarro y ademán de estudiante valiente:

—¿Quién diablos suspira aquí?, –respondiéndole al mismo tiempo una voz entre humana y extranjera:

—Yo soy, señor Licenciado, que estoy en esta redoma, adonde me

---

212 *Estelionato* (2 v., 10) 'Fraude que comete el que encubre en el contrato la obligación que sobre la hacienda, la alhaja u otra cosa tiene hecha anteriormente' (DRAE).
213 *Mohatrera*: que hace «mohatras», compra fingida o simulada. Aquello que se de da a precio muy alto para volver a comprar a precio ínfimo.
214 *Chapetón*: 'Inexperto, bisoño, novicio' (DRAE).
215 *Zaquizamí*: 'Desván, sobrado o último cuarto de la casa, comúnmente a teja vana' (DRAE,
216 *Candil de garabato*: Utensilio para alumbrar, dotado de un recipiente de aceite y torcida y una varilla con gancho (garabato) para colgarlo.

tiene preso ese astrólogo que vive ahí abajo, porque también tiene su punta de la mágica negra, y es mi alcaide dos años habrá.

—Luego, ¿familiar[217] eres? –dijo el Estudiante.

—Harto me holgara yo –respondieron de la redoma– que entrara uno de la Santa Inquisición para que, metiéndole a él en otra de cal y canto, me sacara a mí de esta jaula de papagayos de piedra azufre. Pero tú has llegado a tiempo que me puedes rescatar, porque este a cuyos conjuros estoy asistiendo me tiene ocioso, sin emplearme en nada, siendo yo el espíritu más travieso del infierno.

Don Cleofás, espumando valor, prerrogativa de estudiante de Alcalá, le dijo:

—¿Eres demonio plebeyo, o de los de nombre?

—Y de gran nombre –le repitió el vidrio endemoniado–, y el más celebrado en entrambos mundos.

—¿Eres Lucifer? –le repitió don Cleofás.

—Ese es demonio de dueñas y escuderos –le respondió la voz.

—¿Eres Satanás? –prosiguió el Estudiante.

—Ese es demonio de sastres y carniceros –volvió la voz a repetirle.

—¿Eres Bercebú? –volvó a preguntarle don Cleofás.

Y la voz a responderle:

—Ese es demonio de tahúres, amancebados y carreteros.

—¿Eres Barrabás, Belial, Astarot? –finalmente le dijo el Estudiante.

—Esos son demonios de mayores ocupaciones –le respondió la voz–: demonio más por menudo soy, aunque me meto en todo: yo soy las pulgas del infierno, la chisme, el enredo, la usura, la mohatra; yo traje al mundo la zarabanda[218], el déligo, la chacona[219], el bullicuzcuz[220], las

---

217 *Familiar*: Demonio con el que alguien tiene trato habitual. También Ministro de la Santa Inquisición, ambigüedad que aprovecha el Diablo Cojuelo para contestar evasivamente.

218 *Zarabanda*: Baile proveniente de América. «...me han certificado que cuando esta maldita gente hace este baile delante quien les pueda ir a la mano con el mismo son, mudan las palabras que suelen cantar, y templan los meneos y su deshonestidad; tan astutos y prudentes son estos hijos del demonio y las tinieblas». p Juan de Mariana (1536-1623), *Tratado contra los juegos públicos*, p. 434. (citado por José Luis Suárez García, *Los enemigos del teatro en el Siglo de oro*, p. 131). https://www.google.com.ar /url?sa=t&rct=j&q=&esrc=s&source=web&cd=3&ved=0ahUKEwiV-YyPjbrZAhVGjZAKHbw0DDAQFghCMAI&url=http%3A%2F%2F www.cervantesvirtual.com%2FdescargaPdf%2Fenemigos-del-teatro-en-el-siglo-de-oro-el-padre-juan-de-mariana%2F&usg=AOvVaw19pZ62_qtRlHYrbBex2ee3

219 *Chacona*: Quevedo, en su *Genealogía de los Bailes*, la denomina «Chacona mulata» admitiendo un posible origen negro aunque proviniera de Indias. Citado por A. Carpentier, *Temas de la lira y el bongó*. FCE, México, 2012 p. 49.

220 *Bullicuzcuz*: Baile proveniente de América, emparentado con la Chacona.

cosquillas de la capona[221], el guiriguirigay, el zambapalo, la mariona, el avilipinti, el pollo, la carretería, el hermano Bartolo, el carcañal, el guineo, el colorín colorado; yo inventé las pandorgas, las jácaras, las papalatas, los comos[222], las mortecinas, los títeres, los volatines, los saltambancos, los maesecorales[223] y, al fin, yo me llamo el Diablo Cojuelo.

—Con decir eso —dijo el Estudiante— hubiéramos ahorrado lo demás: vuesa merced me conozca por su servidor, que hay muchos días que le deseaba conocer. Pero ¿no me dirá, señor Diablo Cojuelo, por qué le pusieron este nombre, a diferencia de los demás, habiendo todos caído desde tan alto, que pudieran quedar todos de la misma suerte y con el mismo apellido?

—Yo, señor don Cleofás Leandro Pérez Zambullo, que ya le sé el suyo, o los suyos —dijo el Cojuelo—, porque hemos sido vecinos por esa dama que galanteaba y por quien le ha corrido la justicia esta noche, y de quien después le contaré maravillas, me llamo de esta manera porque fui el primero de los que se levantaron en la rebelión celestial, y de los que cayeron y todo; y como los demás dieron sobre mí, me estropearon, y así quedé más que todos señalado de la mano de Dios y de los pies de todos los diablos, y con este sobrenombre; mas no por eso menos ágil para todas las facciones que se ofrecen en los países bajos, en cuyas empresas nunca me he quedado atrás, antes me he adelantado a todos; que, camino del infierno, tanto anda el cojo como el viento; aunque nunca

---

221   *Capona*: Son o baile a modo de la *Mariona*; pero más rápido y bullicioso, con el cual y a cuyo tañido se cantan varias coplillas. DRAE, 1729 ACADEMIA AUTORIDADES. Emilio Cotarelo y Mori (1857-1936) en su *Colección de entremeses: loas, bailes, jácaras y mojigangas desde fines del siglo XVI a mediados del XVIII*, da un listado de bailes: Antón Pintado, Avilipinti, ¡Ay-ay-ay!, Bailes del río, Bullicuzcuz, Cachupino, Capona, Capuchino, Carcañal, Carretería, Catalineta, Colorín colorado. *Conde claros,* Contrapás, *Chacona,* Chamberga, Deligo, Ejecutor de la vara, Encorvada, Endiablada, Escarramán, Fandango, Folión, Gambetas, Gatatumba, Gayumba, Baile del gorrón, Guineo, Guiriguiri- gay. Hermano Bartolo, Hu-hu, Baile de indios, Inés la Maldegollada, *Jácara,* Japona, Juan Redondo, Lanturulú, Baile de la malcontenta, Baile de la marina, Mariona, *Marizápalos*, Matachines, Montoya, No me los ame nadie. Pandorga, Paracumbé, *Pasacalle,* Perra-mora, Pésame-dello, Pipironda, Pironda, Baile de los polacos, Polvillo, Pollo, Rastreado, Rastro, Rastrojo, Rechazo, Saltarén, Santarén, Santurde, Seguidillas, Somonte, *Tarantela,* Taratero, Tárraga, *Vacas,* Valenciana, Vaquería, *Villano,* Zambapalo, Zangarilleja, Zapateado, *Zarabanda,* Zarabandilla, Zarambeque, Zarzuela. (Emilio Cotarelo y Mori, José Luis Suárez García, Abraham Madroñal Durán, Universidad de Granada, 2000).

222   *Como*: Chasco, zumba o cantaleta. Usase regularmente con el verbo *Dar*, diciendo *Dar como*, ú *dar un como*. Lat. *Irrisio. Scomma*. DRAE, 1729 ACADEMIA AUTORIDADES

223   *Mortecinas, títeres, volatines, saltambancos, maesecorales*: personajes que mostraban sus habilidades actorales entre canciones, farsas y otras actividades de muy variada naturaleza por plazas, palacios y otros escenarios improvisados, desde la Europa medieval.

he estado más sin reputación que ahora en poder de este vinagre, a quien por trato me entregaron mis propios compañeros, porque los traía al retortero a todos, como dice el refrán de Castilla, y cada momento a los más agudos les daba gato por demonio. Sácame de este Argel[224] de vidrio; que yo te pagaré el rescate en muchos gustos, a fe de demonio, porque me precio de amigo de mi amigo, con mis tachas buenas y malas.

—¿Cómo quieres –dijo don Cleofás, mudando la cortesía con la familiaridad de la conversación– que yo haga lo que tú no puedes siendo demonio tan mañoso?

A mí no me es concedido –dijo el Espíritu–, y a ti sí, por ser hombre con el privilegio del bautismo y libre del poder de los conjuros, con quien han hecho pacto los príncipes de la Guinea infernal[225]. Toma un cuadrante de esos y haz pedazos esta redoma, que luego en derramándome me verás visible y palpable.

No fue escrupuloso ni perezoso don Cleofás, y ejecutando lo que el Espíritu le dijo, hizo con el instrumento astronómico gigote[226] del vaso, inundando la mesa sobredicha de un licor turbio, escabeche[227] en que se conservaba el tal Diablillo; y volviendo los ojos al suelo, vio en él un hombrecillo de pequeña estatura, afirmado en dos muletas, sembrado de chichones mayores de marca, calabacino de testa y badea[228] de cogote, chato de narices, la boca formidable y apuntalada en dos colmillos solos, que no tenían más muela ni diente los desiertos de las encías, erizados los bigotes como si hubiera barbado en Hircania[229]; los pelos de su nacimiento, ralos, uno aquí y otro allí, a fuer de los espárragos, legumbre tan enemiga de la compañía, que si no es para venderlos en manojos no se juntan. Bien hayan los berros, que nacen unos entrepernados con otros, como vecindades de la Corte, perdone la malicia la comparación.

---

224 *Argel*: Ver nota 29, *The Limping Devil*, en este volumen.
225 *Guinea infernal*: Ver nota 31, *The Limping Devil*, en este volumen.
226 *Gigote*: o *jigote*, guisado a base de carne picada generalmente de ternera rehogada en manteca de cerdo. Es frecuente la preparación de este plato en cazuelas en las que se cuece en su propio jugo. Originario de la Edad Media en el siglo XVII se hace muy popular. De ahí «hacer gigote» una cosa: hacerla pedazos menudos.
227 *Escabeche*: Salsa o adobo que se hace con aceite frito, vino o vinagre, hojas de laurel y otros ingredientes, para conservar y hacer sabrosos los pescados y otros manjares. (DRAE).
228 *Badea*: o *vadea*, Sandía o melón de mala calidad ‖ en algunas partes, pepino o cohombro insípido y amarillento. (DRAE).
229 *Hircania*: antigua región histórica del Asia central, una de las satrapías del antiguo Imperio persa situada a orillas meridionales del mar Caspio. Proviene del griego antiguo, Ὑρκανια, «país de lobos».

Asco le dio a don Cleofás la figura, aunque necesitaba de su favor para salir del desván, ratonera del Astrólogo en que había caído huyendo de los gatos que le siguieron (salvo el guante a la metáfora) y asiéndole por la mano el Cojuelo y diciéndole: «Vamos, don Cleofás, que quiero comenzar a pagarte en algo lo que te debo», salieron los dos por la buharda como si los dispararan de un tiro de artillería, no parando de volar hasta hacer pie en el capitel de la torre de San Salvador, mayor atalaya de Madrid[230], a tiempo que su reloj daba la una, hora que tocaba a recoger el mundo poco a poco al descanso del sueño; treguas que dan los cuidados a la vida, siendo común el silencio a las fieras y a los hombres; medida que a todos hace iguales; habiendo una prisa notable a quitarse zapatos y medias, calzones y jubones, basquiñas, verdugados, guardainfantes, polleras, enaguas y guardapiés, para acostarse hombres y mujeres, quedando las humanidades menos mesuradas, y volviéndose a los primeros originales, que comenzaron el mundo horros de todas estas baratijas; y engestándose al camarada, el Cojuelo le dijo:

—Don Cleofás, desde esta picota de las nubes, que es el lugar más eminente de Madrid, mal año para Menipo en los diálogos de Luciano, te he de enseñar todo lo más notable que a estas horas pasa en esta Babilonia española, que en la confusión fue esa otra con ella segunda de este nombre.

Y levantando a los techos de los edificios, por arte diabólica, lo hojaldrado, se descubrió la carne del pastelón de Madrid como entonces estaba, patentemente, que por el mucho calor estivo estaba con menos celosías, y tanta variedad de sabandijas racionales en esta arca del mundo, que la del diluvio, comparada con ella, fue de capas y gorras[231].

---

230   Ver nota 33, *The Limping Devil*, en este volumen.

231   *De capas y gorras: locución adverbial,coloquial* Simple, sin atavíos especiales. Proviene de los estudiantes pobres que llevaban una capa de tela barata y una gorra, a diferencia de los estudiantes ricos que portaban un manteo (capa larga con cuello derecho y estrecho) y un bonete de cuatro picos.

Tranco II

Quedó don Cleofás absorto en aquella pepitoria[232] humana de tanta diversidad de manos, pies y cabezas, y haciendo grandes admiraciones, dijo:

—¿Es posible que para tantos hombres, mujeres y niños hay lienzo para colchones, sábanas y camisas? Déjame que me asombre que entre las grandezas de la Providencia divina no sea esta la menor.

Entonces el Cojuelo, previniéndole, le dijo:

—Advierte que quiero empezar a enseñarte distintamente, en este teatro donde tantas figuras representan, las más notables, en cuya variedad está su hermosura. Mira allí primeramente cómo están sentados muchos caballeros y señores a una mesa opulentísima, acabando una media noche[233]; que eso les han quitado a los relojes no más.

Don Cleofás le dijo:

—Todas estas caras conozco; pero sus bolsas no, si no es para servirlas.

—Hanse pasado a los extranjeros, porque las trataban muy mal estos príncipes cristianos –dijo el Cojuelo–, y se han quedado, con las caponas[234], sin ejercicio.

—Dejémoslos cenar –dijo don Cleofás–, que yo aseguro que no se levanten de la mesa sin haber concertado un juego de cañas[235] para

---

232 *Pepitoria*: Guisado que se hace con todas las partes comestibles del ave, o sólo con los despojos [...] Fig. Conjunto de cosas diversas y sin orden (DRAE).

233 *Media noche*: Comida que se hacía después de las doce del viernes, una vez acabada la vigilia.

234 *Capona(s)*: Llave de gentilhombre de la cámara del rey, que sólo es honoraria, sin entrada ni ejercicio' (DRAE, s. v. *llave*).

235 *Juego de cañas*: juego o fiesta de a caballo, introducida en España por los Moros, en el cual participa la Nobleza en ocasiones de alguna celebración.

cuando Dios fuere servido, y pasemos adelante; que a estos magnates los más de los días les beso yo las manos y estas caravanas las ando yo las más de las noches, porque he sido dos meses culto vergonzante de la proa de uno de ellos y estoy encurtido de excelencias y señorías, solamente buenas para veneradas[236].

—Mira allí –prosiguió el Cojuelo– como se está quejando de la orina un letrado, tan ancho de barba y tan espeso, que parece que saca un delfín la cola por las almohadas. Allí está pariendo doña Fáfula, y don Toribio, su indigno consorte, como si fuera suyo lo que paría, muy oficioso y lastimado; y está el dueño de la obra a pierna suelta en ese otro barrio, roncando y descuidado del suceso. Mira aquel preciado de lindo, o aquel lindo de los más preciados, como duerme con bigotera, torcidas de papel en las guedejas y el copete, sebillo en las manos, y guantes descabezados, y tanta pasa[237] en el rostro, que pueden hacer colación en él toda la cuaresma que viene. Allí, más adelante, está una vieja, grandísima hechicera, haciendo en un almirez[238] una medicina de drogas restringentes para remendar una doncella sobre su palabra, que se ha de desposar mañana. Y allí, en aquel aposentillo estrecho, están dos enfermos en dos camas, y se han purgado juntos, y sobre quién ha hecho más cursos, como si se hubieran de graduar en la facultad, se han levantado a matar a almohadazos. Vuelve allí, y mira con atención cómo se está untando una hipócrita a lo moderno, para hallarse en una gran junta de brujas que hay entre San Sebastián y Fuenterrabía, y a fe que nos habíamos de ver en ella si no temiera el riesgo de ser conocido del demonio que hace el cabrón, porque le di una bofetada a mano abierta en la antecámara de Lucifer, sobre unas palabras mayores que tuvimos; que también entre los diablos hay libro del duelo, porque el autor que lo compuso es hijo de vecino del infierno[239]. Pero mucho más nos podemos entretener por acá, y más si pones los ojos en aquellos dos ladrones que han entrado por

---

236   Es decir de postura distante y soberbia.

237   *Pasa*: Especie de afeite que usaron las mujeres, llamado así porque se hacía con pasas (DRAE). Ver nota 41 *The Limping Devil*, en este volumen.

238   *Almirez*: mortero de metal, pequeño y portátil, que sirve para machacar o moler en él.

239   Puede referirse a Diego de Valera (1412- 1488), autor del *Tratado de los rieptos e desafíos que entre los cavalleros y hijosdalgo se acostumbran hazer, según las costumbres de España, Francia e Inglaterra, en el qual se contienen quáles y quántos son los casos de traición e de menosvaler e las enseñas e cotas darmas* (1458-1467), proveniente de de una familia judeoconversa, su padre era Alonso Cherino, médico de la corte de Enrique III de Castilla y de su hijo, Juan II. O quizás se refiera a Alfonso de Cartagena (1381-1456), autor del *Doctrinal de caballeros* (1487), que era el segundo hijo del rabino de Burgos, devenido obispo judeoconverso de Cartagena con el nombre de Pablo de Santa María, nacido de su mujer legítima antes de su conversión.

un balcón en casa de aquel extranjero rico, con una llave maestra, porque las ganzúas son a lo antiguo, y han llegado donde está aquel talego de vara y media estofado de patacones de a ocho, a la luz de una linterna que llevan, que, por ser tan grande y no poder arrancarle de una vez, por el riesgo del ruido, determinan abrirle, y henchir las faltriqueras y los calzones, y volver otra noche por lo demás; y comenzando a desatarle, saca el tal extranjero (que estaba dentro de él guardando su dinero, por no fiarle de nadie) la cabeza, diciendo: «Señores ladrones, acá estamos todos», cayendo espantados uno a un lado y otro a otro, como resurrección de aldea, y se vuelven gateando a salir por donde entraron.

—Mejor fuera –dijo don Cleofás– que le hubieran llevado sin desatar en el capullo de su dinero, porque no le sucediera ese desaire, pues que cada extranjero es un talego bautizado; que no sirven de otra cosa en nuestra república y en la suya, por nuestra mala maña. Pero ¿quién es aquella abada[240] con camisa de mujer, que no solamente la cama le viene estrecha, sino la casa y Madrid, que hace roncando más ruido que la Bermuda, y, al parecer, bebe cámaras de tinajas y come gigotes de bóvedas?

—Aquella ha sido cuba de Sahagún[241], y no profesó[242] –dijo el Cojuelo– si no es el mundo de ahora, que está para dar un estallido, y todo junto puede ser siendo quien es: que es una bodegonera tan rica, que tiene, a dar rocín por carnero y gato por conejo a los estómagos del vuelo, seis casas en Madrid, y en la puerta de Guadalajara[243] más de veinte mil ducados, y con una capilla que ha hecho para su entierro y dos capellanías que ha fundado, se piensa ir al cielo derecha; que aunque pongan una garrucha[244] en la estrella de Venus y un alzaprima[245] en las Siete Cabrillas, me parece que será imposible que suba allá aquel tonel; y como ha cobrado buena fama, se ha echado a dormir de aquella suerte.

—Aténgome –dijo don Cleofás– a aquel caballero tasajo que tiene

---

240   *Abada*: o *habada*, rinoceronte.

241   *Cuba de Sahagún*: Célebre tonel que existía en el Monasterio de Sahagún o de San Segundo, en el cual según es fama cabían mil cántaras de vino.

242   Aquí el autor hace un juego de palabras entre «abada» (rinoceronte) y «abadesa», superiora de una comunidad (abadía) de monjas.

243   *Puerta de Guadalajara*: una de las principales entradas en la primera muralla del primitivo Madrid, orientada al Este. Bajo sus bóvedas permaneció durante siglos un modesto zoco de tiendas, entre ellas las de un cordonero, un librero, un calcetero, un pañero y unos pescaderos.

244   *Garrucha*: polea.

245   *Alzaprima*: Barra o palanca de hierro, o madera que sirve para mover y levantar cosas de mucho peso.

el alma en cecina, que he echado de ver que es caballero en un hábito que le he visto en una ropilla a la cabecera, y no es el mayor remiendo que tiene, y duerme enroscado como lamprea empanada, porque la cama es media sotanilla que le llega a las rodillas no más.

—Aquel –dijo el Cojuelo– es pretendiente y está demasiado de gordo y bien tratado para el oficio que ejercita. Bien haya aquel tabernero de Corte, que se quita de esos cuidados y es cura de su vino, que le está bautizando en los pellejos y las tinajas, y a estas horas está hecho diluvio en pena, con su embudo en la mano, y antes de mil años espero verle jugar cañas por el nacimiento de algún príncipe.

—¿Qué mucho –dijo don Cleofás– si es tabernero y puede emborrachar a la Fortuna?

—No hayas miedo –dijo el Cojuelo– que se vea en eso aquel alquimista que está en aquel sótano con unos fuelles, inspirando una hornilla llena de lumbre, sobre la cual tiene un perol con mil variedades de ingredientes, muy presumido de acabar la piedra filosofal y hacer el oro; que ha diez años que anda en esta pretensión, por haber leído el arte de Reimundo Lulio[246] y los autores químicos que hablan en este mismo imposible.

—La verdad es –dijo don Cleofás– que nadie ha acertado a hacer el oro si no es Dios, y el Sol, con comisión particular suya.

—Eso es cierto –dijo el Cojuelo–, pues nosotros no hemos salido con ello. Vuelve allí, y acompáñame a reír de aquel marido y mujer, tan amigos de coche, que todo lo que habían de gastar en vestir, calzar y componer su casa lo han empleado en aquel que está sin caballos ahora, y comen y cenan y duermen dentro de él, sin que hayan salido de su reclusión, ni aun para las necesidades corporales, en cuatro años que ha que le compraron; que están encochados, como emparedados, y ha sido tanta la costumbre de no salir de él, que les sirve el coche de conchas, como a la tortuga y al galápago, que en tarascando cualquiera de ellos la cabeza fuera de él, la vuelven a meter luego, como quien la tiene fuera de su natural, y se resfrían y acatarran en sacando pie, pierna o mano de esta estrecha religión; y pienso que quieren ahora labrar un desván en él para ensancharse y alquilarle a otros dos vecinos tan inclinados a coche, que se contentarán con vivir en el caballete de él.

—Esos –dijo don Cleofás– se han de ir al infierno en coche y en alma.

—No es penitencia para menos –respondió el Cojuelo–. Diferente-

---

246   *Raimundo Lullio*: Ver nota 49, *The Limping Devil*, en este volumen.

mente le sucede a ese otro pobre y casado que vive en esa otra casa más adelante, que después de no haber podido dormir desde que se acostó, con un órgano al oído de niños tiples, contraltos, terceruelas y otros mil guisados de voces que han inventado para llorar, ahora que se iba a trasponer un poco, le ha tocado a rebato un mal de madre de su mujer, tan terrible, que no ha dejado ruda en la vecindad, lana ni papel quemado, escudilla untada con ajo, ligaduras, bebidas, humazos y trescientas cosas más[247], y a él le ha dado, de andar en camisa, un dolor de ijada[248], con que imagino que se ha de desquitar del dolor de madre de su mujer.

—No están tan despiertos en aquella casa –dijo don Cleofás– donde está echando una escala aquel caballero que, al parecer, da asalto al cuarto y a la honra del que vive en él; que no es buena señal, habiendo escaleras dentro, querer entrar por las de fuera.

—Allí –dijo el Cojuelo– vive un caballero viejo y rico que tiene una hija muy hermosa y doncella, y rabia por dejarlo de ser con un marqués, que es el que da la escalada, que dice que se ha de casar con ella, que es papel que ha hecho con otras diez o doce, y lo ha representado mal; pero esta noche no conseguirá lo que desea, porque viene un alcalde de ronda, y es muy antigua costumbre de nosotros ser muy regatones en los gustos, y, como dice vuestro refrán, si la podemos dar roma, no la damos aguileña.[249]

—¿Qué voces –dijo don Cleofás– son las que dan en esa otra casa más adelante, que parece que pregonan algún demonio que se ha perdido?

—No seré yo, que me he rescatado –dijo el Cojuelo–, si no es que me llaman a pregones del infierno por el quebrantamiento de la redoma; pero aquel es un garitero que ha dado esta noche ciento cincuenta barajas, y se ha endiablado de cólera porque no le han pagado ninguna y se van los actores y los reos con las costas en el cuerpo, tras una pendencia de barato sobre uno que juzgó mal una suerte, y los mete en paz aquella música que dan a cuatro voces en esa otra calle unos criados de un señor a una mujer de un sastre que ha jurado que los ha de coser a puñaladas.

—Si yo fuera el marido –dijo don Cleofás– más los tuviera por gatos que por músicos.

—Ahora te parecerán galgos –dijo el Cojuelo–, porque otro com-

---

247 Ver nota 50, *The Limping Devil*, en este volumen.
248 *Dolor de ijada*: lumbalgia o cólico renal.
249 *Si la podemos dar roma, no la damos aguileña*: modismo para significar la conducta de quien se aprovecha entregando una cosa inferior a la prometida.

petidor de la sastra, con una gavilla de seis o siete, vienen sacando las espadas, y los Orfeos de la maesa, reparando la primera invasión con las guitarras, hacen una fuga de cuatro o cinco calles. Pero vuelve allí los ojos, verás cómo se va desnudando aquel hidalgo que ha rondado toda la noche, tan caballero del milagro[250] en las tripas como en las demás facciones, pues quitándose una cabellera, queda calvo; y las narices de carátula, chato; y unos bigotes postizos, lampiño; y un brazo de palo, estropeado; que pudiera irse más camino de la sepultura que de la cama. En esa otra casa más arriba está durmiendo un mentiroso con una notable pesadilla, porque sueña que dice verdad. Allí un vizconde, entre sueños, está muy vano porque ha regateado la excelencia a un grande. Allí está muriendo un fullero, y ayudándole a bien morir un testigo falso, y por darle la bula de la Cruzada, le da una baraja de naipes, porque muera como vivió, y él, boqueando, por decir «Jesús», ha dicho «flux». Allí, más arriba, un boticario está mezclando la piedra bezar con los polvos de sen. Allí sacan un médico de su casa para una apoplejía que le ha dado a un obispo. Allí llevan aquella comadre para partear a una preñada de medio ojo[251], que ha tenido dicha en darle los dolores a estas horas. Allí doña Tomasa tu dama, en enaguas, está abriendo la puerta a otro; que a estas horas le oye de amor.

—Déjame –dijo don Cleofás–: bajaré sobre ella a matarla a coces.

—Para estas ocasiones se hizo el *tate, tate*[252] –dijo el Cojuelo–; que no es salto para de burlas. Y te espantas de pocas cosas: que sin este enamorado murciélago, hay otros ochenta para quien tiene repartidas las horas del día y de la noche.

—¡Por vida del mundo –dijo don Cleofás– que la tenía por una santa!

—Nunca te creas de ligero –le replicó el Diablillo–. Y vuelve los ojos a mi Astrólogo, verás con las pulgas e inquietud que duerme: debe de haber sentido pasos en su desván y recela algún detrimento de su redoma. Consuélese con su vecino, que mientras está roncando a más y mejor, le están sacando a su mujer, como muela, sin sentirlo, aquellos dos soldados.

—Del mal lo menos –dijo don Cleofás–; que yo sé del marido ochodurmiente[253] que dirá cuando despierte lo mismo.

---

250 *Caballero del milagro*: hombre que posa de hidalgo pero sin renta ni beneficios.
251 *De medio ojo*: oculta, embozada. Marginalismo, *mujer de medio ojo*: Prostituta semipública que acostumbra a taparse la mitad de la cara con el manto, dejando sólo al descubierto un ojo.
252 *Tate tate*: interjección para significar *deja estar.* (Un solo «tate» significa sorpresa).
253 *Ochodurmiente*: el que duerme mucho y despreocupadamente, por alusión a la leyenda

—Mira allí –prosiguió el Cojuelo– aquel barbero, que soñando se ha levantado, y ha echado unas ventosas a su mujer, y la ha quemado con las estopas las tablas de los muslos, y ella da gritos, y él, despertando, la consuela diciendo que aquella diligencia es bueno que esté hecha para cuando fuere menester. Vuelve allí los ojos a aquella cuadrilla de sastres que están acabando unas vistas para un tonto que se casa a ciegas, que es lo mismo que por relación, con una doncella tarasca, fea, pobre y necia, y le han hecho creer al contrario con un retrato que le trujo un casamentero, que a estas horas se está levantando con un pleitista que vive pared y medio de él, el uno a cansar ministros y el otro a casar todo el linaje humano; que solamente tú, por estar tan alto, estás seguro de este demonio, que en algún modo lo es más que yo. Vuelve los ojos y mira aquel cazador mentecato del gallo, que está ensillando su rocín a estas horas y poniendo la escopeta debajo del caparazón, y deja de dormir de aquí a las nueve de la mañana por ir a matar un conejo, que le costaría mucho menos aunque le comprara en la despensa de Judas. Y al mismo tiempo advierte como a la puerta de aquel rico avariento echan un niño, que por partes de su padre puede pretender la beca del Antecristo[254], y él, en grado de apelación, da con él en casa de un señor que vive junto a la suya, que tiene talle de comérselo antes que criarlo, porque ha días que su despensa espera el domingo de casi ración. Pero ya el día no nos deja pasar adelante; que el agua ardiente y el letuario[255] son sus primeros crepúsculos, y viene el sol haciendo cosquillas a las estrellas, que están jugando a salga la parida, y dorando la píldora del mundo, tocando al arma a tantas bolsas y talegos y dando rebato a tantas ollas, sartenes y cazuelas, y no quiero que se valga de mi industria para ver los secretos que le negó la noche: cuéstele brujulearlo por resquicios, claraboyas y chimeneas.

Y volviendo a poner la tapa al pastelón, se bajaron a las calles.

---

de los *Siete Durmientes de Efeso*.

254 Ver nota 55, *The Limping Devil*, en este volumen.

255 *Letuario*: especie de mermelada o fruta confitada. Originalmente medicamento de consistencia líquida, pastosa o sólida, compuesto de varios ingredientes, casi siempre vegetales, y de cierta cantidad de miel, jarabe o azúcar, que en sus composiciones más sencillas tiene la consideración de golosina.

Tranco III

Ya comenzaban en el puchero humano de la Corte a hervir hombres y mujeres, unos hacia arriba y otros hacia abajo, y otros de través, haciendo un cruzado al son de su misma confusión, y el piélago racional de Madrid a sembrarse de ballenas con ruedas, que por otro nombre llaman coches, trabándose la batalla del día, cada uno con designio y negocio diferente, y pretendiéndose engañar los unos a los otros, levantándose una polvareda de embustes y mentiras, que no se descubría una brizna de verdad por un ojo de la cara, y don Cleofás iba siguiendo a su camarada, que le había metido por una calle algo angosta, llena de espejos por una parte y por otra, donde estaban muchas damas y lindos mirándose y poniéndose de diferentes posturas de bocas, guedejas y semblantes, ojos, bigotes, brazos y manos, haciéndose cocos[256] a ellos mismos. Preguntole don Cleofás qué calle era aquella, que le parecía que no la había visto en Madrid, y respondiole el Cojuelo:

—Esta se llama la calle de los Gestos, que solamente saben a ella estas figuras de la baraja de la Corte, que vienen aquí a tomar el gesto con que han de andar aquel día, y salen con perlesía[257] de lindeza, unos con la boquita de riñón, otros con los ojitos dormidos, roncando hermosura, y todos con los dos dedos de las manos, índice y meñique, levantados, y esos otros, de *Gloria Patri.* Pero salgámonos muy aprisa de aquí; que con tener estómago de demonio y no haberme mareado las maretas del infierno, me le han revuelto estas sabandijas, que nacieron para desacreditar la naturaleza y el rentoy.[258]

---

256 *Hacer cocos*: Halagar a uno con fiestas o ademanes [...] Hacer ciertas señas o expresiones los que están enamorados, para manifestarse su cariño.

257 *Perlesía*: Privación o disminución del movimiento de partes del cuerpo. Debilidad muscular [...] acompañada de temblor' (DRAE).

Con esto, salieron de esta calle a una plazuela donde había gran concurso de viejas que habían sido damas cortesanas, y mozas que entraban a ser lo que ellas habían sido, en grande contratación unas con otras. Preguntó el Estudiante a su camarada qué sitio era aquel, que tampoco le había visto, y él le respondió:

—Este es el baratillo de los apellidos, que aquellas damas pasas truecan con estas mozas albillas[259] por medias traídas, por zapatos viejos, valonas, tocas y ligas, como ya no las han menester; que el Guzmán, el Mendoza, el Enríquez, el Cerda, el Cueva, el Silva, el Castro, el Girón, el Toledo, el Pacheco, el Córdoba, el Manrique de Lara, el Osorio, el Aragón, el Guevara y otros generosos apellidos los ceden a quien los ha menester ahora para el oficio que comienza, y ellas se quedan con sus patronímicos primeros de Hernández, Martínez, López, Rodríguez, Pérez, González, etcétera; porque al fin de los años mil, vuelven los nombres por donde solían ir.[260]

—Cada día –dijo el Estudiante– hay cosas nuevas en la Corte.

Y, a mano izquierda, entraron a otra plazuela al modo de la de los Herradores, donde se alquilaban tías, hermanos, primos y maridos, como lacayos y escuderos, para damas de achaque que quieren pasar en la Corte con buen nombre y encarecer su mercadería.

A la mano derecha de este seminario andante estaba un grande edificio, a manera de templo sin altar, y en medio de él, una pila grande de piedra, llena de libros de caballerías y novelas, y alrededor, muchos muchachos desde diez a diecisiete años y algunas doncelluelas de la misma edad, y cada uno y cada una con su padrino al lado, y don Cleofás le preguntó a su compañero que le dijese qué era esto, que todo le parecía que lo iba soñando. El Cojuelo le dijo:

—Algo tiene de eso este fantástico aparato; pero esta es, don Cleofás, en efecto, la pila de los *dones*[261], y aquí se bautizan los que vienen a la Corte sin él. Todos aquellos muchachos son pajes para señores, y aquellas muchachas, doncellas para señoras de media talla, que han menester el *don* para la autoridad de las casas que entran a servir, y ahora les acaban de bautizar en el *don*. Por allí entra ahora una fregona

---

258   *Rentoy*: Juego de naipes entre dos, cuatro, seis u ocho personas que juegan de a pares y se permiten señas entre comnpañeros.

259   *Moza albilla*: moza joven y deseable. *Albilla*, Variedad de uva, de hollejo tierno y delgado y muy gustosa (DRAE).

260   Ver nota 62, *The Limping Devil*, en este volumen.

261   *Dones*: de *don*, título honorífico de distinción que se daba en España a los Caballeros. En las mujeres se usa *doña*.

con un vestido alquilado, que la trae su ama a sacar de *don*, como de pila, para darla el tusón de las damas[262], porque le pague en esta moneda lo que le ha costado el criarla, y aun ella parece que se quiere volver al paño[263], según viene bruñida de esmeril.

—Un moño y unos dientes postizos y un guardainfante pueden hacer esos milagros –dijo don Cleofás–. Pero ¿qué acompañamiento –prosiguió diciendo– es este que entra ahora, de tanta gente lucida, por la puerta de este templo consagrado al uso del siglo?

—Traen a bautizar –dijo el Cojuelo– un regidor muy rico, de un lugar aquí cercano, de edad de setenta años, que se viene al *don* por su pie, porque sin él le han aconsejado sus parientes que no cae tan bien el regimiento. Llámase Pascual, y vienen altercando si sobre *Pascual* le vendrá bien el *don,* que parece don[264] extravagante de la iglesia de los *dones.*

—Ya tienen ejemplar –dijo don Cleofás– en don Pascual, ese que llamaron todos loco, y yo, Diógenes de la ropa vieja, que andaba cubierta la cabeza con la capa, sin sombrero, en traje de profeta, por esas calles.

—Mudáranle el nombre, a mi parecer –prosiguió el Cojuelo–, por no tener en su lugar regidor Pascual, como cirio de los regidores.[265]

—Dios les inspire –dijo don Cleofás– lo que más convenga a su regimiento, como la cristiandad de los regidores ha menester.

—En acabando de tomar el señor regidor –dijo el Cojuelo– el agua del *don*, espera allí un italiano hacer lo mismo con un elefante que ha traído a enseñar a la Puerta del Sol.

—Los más suelen llamarse –dijo el Estudiante– don Pedros, don Juanes y don Alonsos. No sé cómo ha tenido tanto descuido su ayo o naire, como lo llaman los de la India Oriental; plebeyo debía de ser este animal, pues ha llegado tan tarde al *don*. Vive Dios que me le he de quitar yo, porque me desbautizan y desdonan los que veo.

—Sígueme –dijo el Cojuelo–, y no te amohínes, que bien sabe el *don*

---

262   *Tusón de las damas*: mujer pública, prostituta. Las *tusonas* o *damas del tusón*, constituían las damas del oficio [...] se las denominaba de tal modo para determinar su preeminencia. Ironía inspirada por la Orden de Caballería *del Tusón de Oro,* orden militar instituida en 1429 por Felipe II.

263   *Volver al paño*: se dice de las alhajas muy limpias y brillantes, legítimas o falsas, por alusión al paño en que las tenía envueltas el platero o quincallero cuando las vendió.

264   *Don*: acá con el sentido de dádiva, presente o regalo.

265   Juego de palabras con *Cirio Pascual*, que es la vela que se consagra y enciende en la Vigilia Pascual en la liturgia romana de la noche del Sábado Santo; y es signo de Cristo resucitado, y su luz.

dónde está: que se te ha caído en el *Cleofás* como la sopa en la miel.[266]

Con esto, salieron del soñado (al parecer) edificio, y enfrente de él descubrieron otro, cuya portada estaba pintada de sonajas, guitarras, gaitas zamoranas, cencerros, cascabeles, ginebras, caracoles, castrapuercos, pandorga prodigiosa de la vida, y preguntó don Cleofás a su amigo qué casa era aquella que mostraba en la portada tanta variedad de instrumentos vulgares, –que tampoco la he visto en la Corte, y me parece que hay dentro mucho regocijo y entretenimiento.

—Esta es la casa de los locos –respondió el Cojuelo–, que ha poco que se instituyó en la Corte, entre unas obras pías que dejó un hombre muy rico y muy cuerdo, donde se castigan y curan locuras que hasta ahora no lo habían parecido.

—Entremos dentro –dijo don Cleofás– por aquel postiguillo que está abierto, y veamos esta novedad de locos.

Y, diciendo y haciendo, se entraron los dos, uno tras otro; pasando un zaguán, donde estaban algunos de los convalecientes pidiendo limosna para los que estaban furiosos, llegaron a un patio cuadrado, cercado de celdas pequeñas por arriba y por abajo, que cada una de ellas ocupaba un personaje de los susodichos. A la puerta de una de ellas estaba un hombre, muy bien tratado de vestido, escribiendo sobre la rodilla y sentado sobre una banqueta, sin levantar los ojos del papel, y se había sacado uno con la pluma sin sentirlo. El Cojuelo le dijo:

—Aquel es un loco arbitrista[267] que ha dado en decir que ha de hacer la reducción de los cuartos[268], y ha escrito sobre ello más hojas de papel que tuvo el pleito de don Álvaro de Luna.[269]

—Bien haya quien le trujo a esta casa –dijo don Cleofás–; que son los locos más perjudiciales de la república.

—Ese otro que está en ese otro aposentillo –prosiguió el Cojuelo– es un ciego enamorado, que está con aquel retrato en la mano, de su dama, y aquellos papeles que le ha escrito, como si pudiera ver lo uno

---

266   *Caerse la sopa en la miel*: suceder alguna cosa casual y felizmente, o mejor de lo que uno imaginaba.

267   *Arbitrista*: Persona que inventa planes o proyectos disparatados o empíricos, para aliviar la hacienda pública o remediar males políticos (DRAE). Ver nota 69 *The Limping Devil*, en este volumen.

268   *Reducción de los cuartos*: Durante el Siglo XVI y XVII existía el problema de las equivalencias – «arbitraje» o «reducción»– de las unidades de monedas, pesos y medidas de Castilla con las de Cataluna, Aragon, Valencia, Mallorca, Navarra y otras provincias. El Diablo Cojuelo fue escrito en plena crisis de 1640, que agravó el problema de los arbitrajes (o reducciones).

269   Ver nota 70 *The Limping Devil*, en este volumen.

ni leer lo otro, y da en decir que ve con los oídos. En ese otro aposentillo lleno de papeles y libros está un gramaticón que perdió el juicio buscándole a un verbo griego el gerundio. Aquel que está a la puerta de ese otro aposentillo con unas alforjas al hombro y en calzón blanco, le han traído porque, siendo cochero, que andaba siempre a caballo, tomó oficio de correo de a pie. Ese otro que está en ese otro de más arriba con un halcón en la mano es un caballero que, habiendo heredado mucho de sus padres, lo gastó todo en la cetrería y no le ha quedado más que aquel halcón en la mano, que se las come de hambre. Allí está un criado de un señor, que, teniendo qué comer, se puso a servir. Allí está un bailarín que se ha quedado sin son, bailando en seco. Más adelante está un historiador que se volvió loco de sentimiento de haberse perdido tres décadas de Tito Livio. Más adelante está un colegial cercado de mitras, probándose la que le viene mejor, porque dio en decir que había de ser obispo. Luego, en ese otro aposentillo, está un letrado que se desvaneció en pretender plaza de ropa, y de letrado dio en sastre, y está siempre cortando y cosiendo garnachas[270]. En esa otra celda, sobre un cofre lleno de doblones, cerrado con tres llaves, está sentado un rico avariento, que, sin tener hijo ni pariente que le herede, se da muy mala vida, siendo esclavo de su dinero y no comiendo más que un pastel de a cuatro, ni cenando más que una ensalada de pepinos, y le sirve de cepo su misma riqueza. Aquel que canta en esa otra jaula es un músico sinsonte, que remeda los demás pájaros, y vuelve de cada pasaje como de un parasismo. Está preso en esta cárcel de los delitos del juicio porque siempre cantaba, y cuando le rogaban que cantase, dejaba de cantar.

—Impertinencia es esa casi de todos los de esta profesión.

—En el brocal de aquel pozo, que está en medio del patio, se está mirando siempre una dama muy hermosa, como lo verás si ella alza la cabeza, hija de pobres y humildes padres, que queriéndose casar con ella muchos hombres ricos y caballeros, ninguno la contentó, y en todos halló una y muchas faltas, y está atada allí en una cadena porque, como Narciso, enamorada de su hermosura, no se anegue en el agua que le sirve de espejo, no teniendo en lo que pisa al sol ni a todas las estrellas. En aquel pobre aposentillo enfrente, pintado por de fuera de llamas, está un demonio casado, que se volvió loco con la condición de su mujer.

---

270 *Garnachas*: Vestidura talar con mangas, y una vuelta, que desde los hombros cae a ls espaldas. La usaban los Consejeros y Jueces de las Reales Audiencias.

Entonces don Cleofás le dijo al compañero que le enseñaba todo este retablo de duelos:

—Vámonos de aquí, no nos embarguen por alguna locura que nos-otros ignoramos; porque en el mundo todos somos locos, los unos de los otros.

El Cojuelo dijo:

—Quiero tomar tu consejo, porque, pues los demonios enloquecen, no hay que fiar de sí nadie.

—Desde vuestra primera soberbia –dijo don Cleofás– todos lo estáis; que el infierno es casa de todos los locos más furiosos del mundo.

—Aprovechado estás –dijo el Cojuelo–, pues hablas en lenguaje ajustado.

Con esta conversación salieron de la casa susodicha, y a mano de-recha dieron en una calle algo dilatada, que por una parte y por otra estaba colgada de ataúdes, y unos sacristanes con sus sobrepellices pa-seándose junto a ellos, y muchos sepultureros abriendo varios sepulcros, y don Cleofás le dijo a su camarada:

—¿Qué calle es esta, que me ha admirado más que cuantas he visto, y me pudiera obligar a hablar más espiritualmente que con lo primero de que tú te admiraste?

—Esta es más temporal y del siglo que ninguna –le respondió el Co-juelo–, y la más necesaria, porque es la ropería de los abuelos, donde cualquiera, para todos los actos positivos que se le ofrece y se quiere vestir de un abuelo, porque el suyo no le viene bien, o está traído, se viene aquí, y por su dinero escoge el que le está más a propósito. Mira allí aquel caballero torzuelo[271] cómo se está probando una abuela que ha menester, y ese otro, hijo de quien él quisiere, se está vistiendo otro abuelo, y le viene largo de talle. Ese otro más abajo da por otro abuelo el suyo, y dineros encima, y no se acaba de concertar, porque le tiene más de costa al sacristán, que es el ropero. Otro, a esa otra parte, llega a volver un abuelo suyo de dentro afuera y de atrás adelante, y a remen-darlo con la abuela de otro. Otro viene allí con la justicia a hacer que le vuelvan un abuelo que le habían hurtado, y le ha hallado colgado en la ropería. Si hubieres menester algún abuelo o abuela para algún crédito de tu calidad, a tiempo estamos, don Cleofás Leandro; que yo tengo aquí un ropero amigo que desnuda los difuntos la primera noche que los entierran, y nos le fiará por el tiempo que quisieres.

---

271 *Torzuelo*: se dice del halcón que sale tercero del nido.

—Dineros he menester yo; que abuelos no –respondió el Estudiante–: con los míos me haga Dios bien; que me han dicho mis padres que desciendo de Leandro el animoso, el que pasaba el mar de Abido[272]

   «en amoroso fuego todo ardiendo»,

y tengo mi ejecutoria en las obras sueltas de Boscán y Garcilaso.

—Contra hidalguía en verso –dijo el Diablillo– no hay olvido ni cancillería que baste, ni hay más que desear en el mundo que ser hidalgo en consonantes.

—Si a mí me hicieran merced –prosiguió don Cleofás–, entre Salicio y Nemoroso se habían de hacer mis diligencias, que no me habían de costar cien reales; que allí tengo mi Montaña, mi Galicia, mi Vizcaya y mis Asturias.

—Dejemos vanidades ahora –dijo el Cojuelo–; que ya sé que eres muy bien nacido en verso y en prosa, y vamos en busca de un figón, a almorzar y a descansar, que bien lo habrás menester por lo trasnochado y madrugado, y después proseguiremos nuestras aventuras.

---

272   Ver nota 71 *The Limping Devil*, en este volumen.

Tranco IV

Dejemos a estos caballeros en su figón almorzando y des-
cansando, que sin dineros pedían las pajaritas que andaban volando por el aire y al Fénix empanado[273], y vol-
vamos a nuestro astrólogo regoldano[274] y nigromante
enjerto[275], que se había vestido con algún cuidado de haber sentido
pasos en el desván la noche antes, y, subiendo a él, halló las ruinas que
había dejado su familiar en los pedazos de la redoma, y mojados sus
papeles, y el tal Espíritu ausente; y viendo el estrago y la falta de su Demoñuelo, comenzó a mesarse las barbas y los cabellos, y a romper sus
vestiduras, como rey a lo antiguo[276]. Y estando haciendo semejantes ex-
tremos y lamentaciones, entró un diablejo zurdo, mozo de retrete[277] de
Satanás, diciendo que Satanás su señor le besaba las manos; que había
sentido la bellaquería que había usado el Cojuelo, que él trataría de que
se castigase, y que entre tanto se quedase él sirviéndole en su lugar.
Agradeció mucho el cuidado el Astrólogo y encerró el tal Espíritu en
una sortija de un topacio grande, que traía en un dedo, que antes había
sido de un médico, con que a todos cuantos había tomado el pulso había
muerto. Y en el infierno se juntaron entre tanto, en sala plena, los más
graves jueces de aquel distrito, y haciendo notorio a todos el delito del
tal Cojuelo, mandaron despachar requisitoria para que le prendiese en

---

273 *Pedir el Fénix empanado*: Solían pedir el Fénix empanado, o cosas poco menos imposi-
bles, bien por broma y regodeo, los que comían en ventas y mesones.

274 *Regoldano*: que expele aire por la boca, que eructa. Metaf. Que se jacta vanamente.

275 *Enjerto*: Injerto, mezcla de varias cosas diversas entre si.

276 *Rasgarse las vestiduras*: es una costumbre que perdura entre los judíos en los sepelio.
Proviene de las historias bíblicas de Jacob (Génesis 37:18-35), Job (Job 1:18-20)Elí
(Samuel 4:12-17), Josías (2 Reyes 22:8-13), etc.

277 *Mozo de retrete*: El del *mozo del retrete* (o *del bacín*) era un honrado oficio y de mucha
confianza. Se le aposentaba cerca de palacio (en buena posada para sus criados y bestias)
o dentro de él cuando había lugar, porque era muy necesario que estuviera cerca.

cualquier parte que se hallase, y se le dio esta comisión a Cienllamas, demonio comisionario que había dado muy buena cuenta de otras que le habían encargado, y llevándose consigo por corchetes a Chispa y a Redina, demonios a las veinte, y subiéndose en la mula de Liñán[278], salió del infierno con vara alta[279] de justicia en busca del dicho delincuente.

En este tiempo, sobre la paga de lo que habían almorzado habían tenido una pesadumbre el revoltoso Diablillo y don Cleofás con el figón, en que intervinieron asadores y torteras, porque lo que es del diablo, el diablo se lo ha de llevar, y acudiendo la justicia al alboroto, se salieron por una ventana, y cuando el alguacil de Corte con la gente que llevaba pensaba cogerlos, estaban ya de esa otra parte de Getafe, en demanda de Toledo, y dentro de un minuto en las ventillas de Torrejón, y en un cerrar de ojos, a vista de la puerta de Visagra, dejando la real fábrica del hospital de afuera a la derecha mano; y volviéndose el Estudiante al camarada, le dijo:

—Lindos atajos sabes: mal haya quien no caminara contigo todo el mundo, mejor que con el Infante don Pedro de Portugal, el que anduvo las siete partidas de él.

—Somos gente de buena maña –respondió el Cojuelo.

Y cuando estaban hablando en esto, llegaban al barrio que llaman de la Sangre de Cristo, y al mesón de la Sevillana, que es el mejor de aquella ciudad. El Diablo Cojuelo le dijo al Estudiante:

—Esta es muy buena posada para pasar esta noche y para descansar de la posada; éntrate dentro y pide un aposento y que te aderecen de cenar; que a mí me importa llegarme esta noche a Constantinopla a alborotar el serrallo del Gran Turco y hacer degollar doce o trece hermanos que tiene, por miedo de que no conspiren a la Corona, y volverme de camino por los Cantones de los esguízaros y por Ginebra a otras diligencias de este modo, por sobornar con algunos servicios a mi amo, que debe de estar muy indignado contra mí por la travesura pasada; que yo estaré contigo antes que den las siete de la mañana.

Y, diciendo y haciendo, se metió por esos aires como por una viña

---

278　Posible referencia al poema *La noche* de Pedro Liñán de Riaza (ca. 1555-1607): «Allí se entera el placer. / Los prebendados, que á mula /Suelen comer y cenar, /Tú los haces apear /Aunque lo niegue su bula».

279　*Vara alta*: símbolo de autoridad, einfluencia, ascendiente. Tener *vara alta*, tener autoridad.

vendimiada[280], meando la pajuela[281] a todo pajarote y ciudadano de la región etérea, a fuer de los de la jerigonza crítica, y don Cleofás se entró a tomar posada, que, aunque estaba llena de muchos pasajeros que habían venido con los galeones y pasaban a la Corte, con todo, al huésped nuevo hicieron cortesía, porque la persona de don Cleofás traía consigo cartas de recomendación, como dicen los cortesanos antiguos.

Convidáronle a cenar unos caballeros soldados aquella noche, preguntándole nuevas de Madrid, y después de haber cumplido con la celebridad de los brindis por el Rey (Dios le guarde), por sus damas y sus amigos, y haber dado las aceitunas con los palillos carta de pago de la cena, se fue cada uno a recoger a su aposento, porque habían de tomar la madrugada para llegar con tiempo a Madrid, y don Cleofás hizo lo mismo en el que le señaló el Huésped, sintiendo la soledad del compañero en algún modo, porque le traía tan entretenido; y haciendo varios discursos sobre su almohada, se quedó como un pajarito, jurando al silencio de las sombras, como lo demás del mundo, el mesón de la Sevillana, el natural vasallaje con el sueño, que solas las grullas, los murciélagos y lechuzas estaban de posta a su cuerpo de guardia, cuando a las dos de la noche unas temerosas voces que repetían: «¡Fuego, fuego!», despertaron a los dormidos pasajeros, con el sobresalto y asombro que suele causar cualquier alboroto a los que están durmiendo, y más oyendo apellidar «¡fuego!», voz que con más terror atemoriza los ánimos más constantes, rodando unos las escaleras por bajar más aprisa, otros, saltando por las ventanas que caían al patio de la posada, otros, que, por las pulgas o temor de las chinches, dormían en cueros, como vinagre, hechos Adanes del baratillo, poniendo las manos donde habían de estar las hojas de higuera, siguiendo a los demás, y acompañándolos don Cleofás, con los calzones revueltos al brazo y con una alfajía[282] que, por no encontrar la espada, halló acaso en su aposento, como si en los incendios y fantasmas importase andar a palos ni a cuchilladas, natural socorro del miedo en las repentinas invasiones.

Salió, en esto, el Huésped en camisa, los pies en unas empanadas de

---

280   *Entrar como por una viña vendimiada*: entrar sin reparo ni obstáculo alguno, proviene de que una vez vendimiadas las viñas, pueden los particulares entrar en ellas a racimar (a recolectar los racimillos que quedaron en las cepas) y pueden los pastores meter en ellas sus ganados para que coman la hoja de la vid.

281   *Mear la pajuela*: aventajarse, sobresalir y exceder a otro en la ejecución de alguna cosa.

282   *Alfajía*: *alfarjía*, tabla de madera que se emplea principalmente para cercos de puertas y ventanas.

Fregenal[283], cinchado con una faja de grana de polvo el estómago, y un candil de garabato en la mano, diciendo que se sosegasen; que aquel ruido no era de cuidado; que se volviesen a sus camas, que él pondría remedio en ello. Apretole don Cleofás, como más amigo de saber, que le dijese la causa de aquel alboroto; que no se habían de volver a acostar sin descifrar aquel misterio. El Huésped le dijo muy severo que era un estudiante de Madrid que había dos o tres meses que entró a posar en su casa, y que era poeta de los que hacen comedias, y que había escrito dos, que se las habían chillado en Toledo y apedreado como viñas, y que estaba acabando de escribir la comedia de *Troya abrasada,* y que sin duda debía de haber llegado al paso del incendio, y se convertía tanto en lo que escribía, que habría dado aquellas voces; que por otras experiencias pasadas sacaba él que aquello era verdad infalible como él decía; que para confirmarlo subiesen con él a su aposento y hallarían verdadero este discurso.

Siguieron al Huésped todos de la suerte que estaban, y entrando en el aposento del tal poeta, le hallaron tendido en el suelo, despedazada la media sotanilla, revolcado en papeles y echando espumarajos por la boca, y pronunciando con mucho desmayo: «¡Fuego, fuego!», que casi no podía echar la habla, porque se le había metido monja. Llegaron a él muertos de risa y llenos de piedad todos, diciéndole:

—Señor Licenciado, vuelva en sí y mire si quiere beber o comer algo para este desmayo.

Entonces el Poeta, levantando como pudo la cabeza, dijo:

—Si es Eneas y Anquises, con los Penates y el amado Ascanio, ¿qué aguardáis aquí, que está ya el Ilión hecho cenizas, y Príamo, Paris y Policena, Hécuba y Andrómaca han dado el fatal tributo a la muerte, y a Elena, causa de tanto daño, llevan presa Menalao y Agamenón? Y lo peor es que los mirmidones se han apoderado del tesoro troyano.[284]

—Vuelva en su juicio –dijo el Huésped–; que aquí no hay almidones ni toda esa tropelía de disparates que ha referido, y mucho mejor fuera llevarle a casa del Nuncio, donde pudiera ser con bien justa causa mayoral de los locos, y meterle en cura; que se le han subido los consonantes a la cabeza, como tabardillo.

—¡Qué bien entiende de afectos el señor Huésped! –respondió el poeta, incorporándose un poco más.

---

283 *Empanadas de Fregenal*: Especie de zapatos de cuero, con alusión a la villa de Fregenal, famosa por sus curtidos.
284 Ver nota 82, *The Limping Devil*, en este volumen.

—De afectos ni de afeites –dijo el Huésped– no quiero entender, sino de mi negocio: lo que importa es que mañana hagamos cuenta de lo que me debe de posada, y se vaya con Dios; que no quiero tener en ella quien me la alborote cada día con estas locuras: basten las pasadas, pues comenzando a escribir, recién llegado aquí, la comedia de *El marqués de Mantua*[285], que zozobró y fue una de las silbadas, fueron tantas las prevenciones de la caza y las voces que dio, llamando a los perros Melampo[286], Oliveros, Saltamontes, Tragavientos, etcétera, y el «¡Ataja, ataja!» y el «¡Guarda el oso cerdoso, y el jabalí colmilludo!», que malparió una señora preñada que pasaba de Andalucía a Madrid, del sobresalto; y en esa otra de *El saco de Roma*[287], que entrambas parecieron cual tenga la salud, fue el estruendo de las cajas y trompetas, haciendo pedazos las puertas y ventanas de este aposento a tan desusadas horas como estas, y el «¡Cierra, España!», «¡Santiago, y a ellos!»[288], y el jugar la artillería con la boca, como si hubiera ido a la escuela con un petardo, o criádose con el basilisco de Malta[289], que engañó el rebato a una compañía de infantería que alojaron aquella noche en mi casa, de suerte que, tocando al arma, se hubieron de hacer a oscuras unos soldados pedazos con otros, acudiendo al ruido medio Toledo con la justicia, echándome las puertas abajo, y amenazó a hacer una de todos los diablos; que es poeta grulla, que siempre está en vela, y halla consonantes a cualquier hora de la noche y de la madrugada.

El Poeta dijo entonces:

—Mucho mayor alboroto fuera si yo acabara aquella comedia de que tiene vuesa merced en prendas dos jornadas por lo que le debo, que la llamo *Las tinieblas de Palestina,* donde es fuerza que se rompa el velo del Templo en la tercera jornada, y se oscurezca el Sol y la Luna, y se den unas piedras con otras, y se venga abajo toda la fábrica celestial con truenos y relámpagos, cometas y exhalaciones, en sentimiento de su Hacedor; que por faltarme los nombres que he de poner a los sayones no la he acabado. ¡Ahí me dirá vuesa merced, señor Huésped, qué fuera ello!

---

285   *El marqués de Mantua* es una tragicomedia de Lope de Vega (1562-1635).
286   Melampo: nombre del perro e san Roque
287   *Comedia del saco de Roma*:es obra de Juan de la Cueva (1543-1612).
288   *¡Santiago y cierra, España!*: grito de guerra pronunciado por las tropas cristianas durante la Reconquista, en batallas como la de Navas de Tolosa y las españolas del Imperio y de época moderna antes de cada carga en ofensiva.
289   *Basilisco de Malta*: se refiere al episodio del sitio infructuoso de la isla de Malta por parte de los turcos, en 1565. En esa ocasión los otomanos utilizaron 4 enormes cañones denominados «basiliscos» que disparaban balas de 130 libras.

—Váyase —dijo el Mesonerazo— a acabarla al Calvario, aunque no faltará en cualquiera parte que la escriba o la representen quien le crucifique a silbos, legumbre y edificio.

—Antes resucitan con mis comedias los autores —dijo el Poeta—; y para que conozcan todas vuesas mercedes esta verdad y admiren el estilo que llevan todas las que yo escribo, ya que se han levantado a tan buen tiempo, quiero leerles esta.

Y, diciendo y haciendo, tomó en la mano una rima de vueltas de cartas viejas, cuyo bulto se encaminaba más a pleito de tenuta que a comedia, y arqueando las cejas y deshollinándose los bigotes, dijo, leyendo el título, de esta suerte:

—*Tragedia Troyana, Astucias de Sinón, Caballo griego, Amantes adúlteros y Reyes endemoniados.* Sale lo primero por el patio, sin haber cantado, el Paladión, con cuatro mil griegos por lo menos, armados de punta en blanco, dentro de él.

—¿Cómo —le replicó un caballero soldado de aquellos que estaban en cueros, que parece que se habían de echar a nadar en la comedia— puede toda esa máquina entrar por ningún patio ni coliseo de cuantos hay en España, ni por el del Buen Retiro, afrenta de los romanos anfiteatros, ni por una plaza de toros?

—¡Buen remedio! —respondió el Poeta—. Derribarase el corral y dos calles junto a él para que quepa esta tramoya, que es la más portentosa y nueva que los teatros han visto; que no siempre sucede hacerse una comedia como esta, y será tanta la ganancia, que podrá muy bien a sus ancas sufrir todo este gasto. Pero escuchen, que ya comienza la obra, y atención, por mi amor: Salen por el tablado, con mucho ruido de chirimías y atabalillos, Príamo, rey de Troya, y el príncipe Paris, y Elena, muy bizarra en un palafrén, en medio, y el rey a la mano derecha (que siempre de esta manera guardo el decoro a las personas reales), y luego, tras ellos, en palafrenes negros, de la misma suerte, once mil dueñas a caballo.

—Más dificultosa apariencia es esa que esa otra —dijo uno de los oyentes—, porque es imposible que tantas dueñas juntas se hallen.

—Algunas se harán de pasta —dijo el Poeta—, y las demás se juntarán de aquí para allí; fuera de que si se hace en la Corte, ¿qué señora habrá que no envíe sus dueñas prestadas para una cosa tan grande, por estar los días que se representare la comedia, que será, por lo menos siete u ocho meses, libres de tan cansadas sabandijas?

Hubiéronse de caer de risa los oyones y de una carcajada se llevaron media hora de reloj, al son de los disparates de tal Poeta, y él prosiguió diciendo:

—No hay que reírse; que si Dios me tiene de sus consonantes, he de rellenar el mundo de comedias mías, y ha de ser Lope de Vega (prodigioso monstruo español y nuevo Tostado en verso) niño de teta conmigo, y después me he de retirar a escribir un poema heroico para mi posteridad, que mis hijos o mis sucesores hereden, en que tengan toda su vida que roer sílabas. Y ahora oigan vuesas mercedes...: –amagando a comenzar (el brazo derecho levantado) los versos de la comedia, cuando todos a una voz le dijeron que lo dejase para más espacio, y el Huésped, indignado, que sabía poco de filis, le volvió a advertir que no había de estar un día más en la posada.

La encamisada, pues, de los caballeros y soldados se puso a mediar con el Huésped el caso, y don Cleofás, sobre un *Arte poética* de Rengifo, que estaba también corriendo borrasca entre esos otros legajos por el suelo, tomó pleito homenaje al tal poeta, puestas las manos sobre los consonantes, jurando que no escribiría más comedias de ruido, sino de capa y espada, con que quedó el Huésped satisfecho; y con esto, se volvieron a sus camas, y el Poeta, calzado y vestido, con su comedia en la mano, se quedó tan aturdido sobre la suya, que apostó a roncar con los Siete Durmientes, a peligro de no valer la moneda cuando despertase.

TRANCO V

Dentro de muy pocas horas lo fue de volverse a levantar los huéspedes al quitar, haciendo la cuenta con ellos de la noche pasada el Huésped de por vida, esperezándose y bostezando de lo trasnochado con el Poeta, y trataron de caminar, ensillando los mozos de mulas y poniendo los frenos al son de seguidillas y jácaras, y brindándose con vino y pullas los unos a los otros, ribeteándolas con tabaco en polvo y en humo, cuando don Cleofás también despertó, tratando de vestirse, con algunas *saudades*[290] de su dama: que las malas correspondencias de las mujeres a veces despiertan más la voluntad; y antes que diesen las ocho, como había dicho, entró por el aposento el camarada, en traje turquesco, con almalafa[291] y turbante, señales ciertas de venir de aquel país, diciendo:

—¿Hemos tardado mucho en el viaje, señor Licenciado?

Él le respondió sonriéndose:

—Menos se tardó vuesa merced desde el cielo al infierno, con haber más leguas, cuando rodó con todos esos príncipes que no han podido gatear otra vez a la maroma de donde cayeron.

—¿Al amigo, señor don Cleofás –respondió el Cojuelo–, chinche en el ojo[292], como dice el refrán de Castilla? ¡Bueno, bueno!

—Pocos hay –respondió el Estudiante– que en ofreciéndose el chiste, miren esos respetos; pero esto lo digo yo en galantería, y la amistad que hay ya entre nosotros. Mas dejando esto aparte, ¿cómo nos ha ido por esos mundos?

---

290 *Saudades*: (Gallego y Portugués) nostalgia.
291 *Almalafa*: Vestidura moruna que cubre el cuerpo desde los hombros hasta los pies (DRAE).
292 *Del amigo al amigo, chinche en el ojo*: la chinche representa las ingratitudes que a veces se reciben de los que se dicen amigos. Refrán que enseña que no se debe confiar demasiado en todos los que se venden por amigo.

—Hice todo a lo que fui, y mucho más –respondió el genízaro[293] recién venido–, y si quisiera, me jurara por Gran Turco aquella buena gente; que a fe que alguna guarda mejor su palabra, y saben decir verdad y hacer amistades, que vosotros los cristianos.

—¡Qué presto te pagaste![294] –dijo don Cleofás–. Algún cuarto debes de tener de demonio villano.

—Es imposible –respondió el Cojuelo–, porque descendemos todos de la más noble y más alta Montaña de la tierra y del cielo, y aunque seamos zapateros de viejo, en siendo montañeses, todos somos hidalgos; que muchos de ellos nacen, como los escarabajos y los ratones, de la putrefacción.

—Bien sé que sabes Filosofía –le dijo don Cleofás– mejor que si la hubieras estudiado en Alcalá, y que eres maestro en primeras licencias. Dejemos estas digresiones y acaba de darme cuenta de tu jornada.

—Con el traje del país, como ves –respondió el Diablillo–, por ensuciarlos todos, como cierto amigo que, por desaseado en extremo, ensució el de soldado, el de peregrino y estudiante, volví por los Cantones, por la Bertolina y Ginebra, y no tuve que hacer nada en estos países, porque sus paisanos son demonios de sí mismos, y este es el juro de heredad[295] que más seguro tenemos en el infierno, después de las Indias. Fui a Venecia, por ver una población tan prodigiosa, que está fundada en el mar, y de su natural condición tan bajel de argamasa y sillería, que, como la tiene en peso el piélago Mediterráneo, se vuelve a cualquier viento que le sopla. Estuve en la plaza de San Marcos, platicando con unos criados de unos clarísimos[296], esta mañana, y hablando en las gacetas de la guerra, les dije que en Constantinopla se había sabido, por espías que estaban en España, que hay grandes prevenciones de ella, y tan prodigiosas, que hasta los difuntos se levantan, al son de las cajas, de los sepulcros para este efecto, y hay quien diga que entre ellos había resucitado el gran Duque de Osuna[297]; y apenas lo acabé de pronunciar, cuando me escurrí, por no perder tiempo en mis diligencias, y, dejando el seno adriático, me sorbí la Marca de Ancona, y por la Romania, a la mano izquierda, dejé a Roma, porque aun los demonios, por cabeza de la Iglesia militante, veneramos su población. Pasé por Florencia a Milán, que no se le da con su castillo

---

293   Jenízaro: Ver nota 90, *The Limping Devil*, en este volumen.
294   *Qué presto te pagaste*: qué rápido te aficionaste.
295   *Juro (de heredad)*: Derecho perpetuo de propiedad (DRAE).
296   *Clarísimos*: muy ilustres, nobilísimos.
297   Ver nota 92, *The Limping Devil*, en este volumen.

dos blancas[298] de la Europa. Vi a Génova la bella, talego del mundo, llena de novedades, y, golfo lanzado, toqué a Vinaroz y a los Alfaques, pasando el de León y Narbona. Llegué a Valencia, que juega cañas dulces con la primavera, metime en La Mancha, que no hay greda que la pueda sacar, entré en Madrid, y supe que unos parientes de tu dama te andaban a buscar para matarte, porque dicen que la has dejado sin reputación; y lo peor es lo que me chismeó Zancadilla, demonio espía del infierno y sobrestante de las tentaciones: que me andaba a buscar Cienllamas con una requisitoria; y soy de parecer, para obviar estos dos riesgos, que pongamos tierra en medio. Vámonos a Andalucía, que es la más ancha del mundo; y pues yo te hago la costa, no tienes que temer nada; que con el romance que dice:

> «Tendré el invierno en Sevilla
> y el veranito en Granada»,[299]

no hemos de dejar lugar en ella que no trajinemos.

Y volviéndose a la ventana que salía a la calle, le dijo:

—Hágote puerta de mesón. Vamos, y sígueme por ella, don Cleofás; que hemos de ir a comer a la venta de Darazután, que es en Sierra Morena, veintidós o veintitrés leguas de aquí.

—No importa –dijo don Cleofás–, si eres demonio de portante, aunque cojo.

Y diciendo esto, salieron los dos por la ventana, flechados de sí mismos, y el Huésped, desde la puerta, dándole voces al Estudiante cuando le vio por el aire, diciendo que le pagase la cama y la posada, y don Cleofás respondiendo que en volviendo de Andalucía cumpliría con sus obligaciones; y el Huésped, que parecía que lo soñaba, se volvió santiguando y diciendo:

—Pluguiera a Dios, como se me va este, se me fuera el Poeta, aunque se me llevara la cama y todo asida a la cola.

Ya, en esto, el Cojuelo y don Cleofás descubrían la dicha venta, y, apeándose del aire, entraron en ella, pidiendo al Ventero de comer, y él les dijo que no había quedado en la venta más que un conejo y un perdigón, que estaban en aquel asador entreteniéndose a la lumbre.

---

298 *No se le da dos blancas*: modo de desprecio con que se da a entender que alguna cosa no vale nada. *Blanca* era una moneda antigua de aleación de plata y cobre –de color blancuzco–, de escasísimo valor.

299 Ver nota 94, *The Limping Devil*, en este volumen.

—Pues trasládenlos a un plato –dijo don Cleofás–, señor Ventero, y venga el salmorejo[300], poniéndonos la mesa, pan, vino y salero.

El Ventero respondió que fuese en buen hora; pero que esperasen que acabasen de comer unos extranjeros que estaban en eso, porque en la venta no había otra mesa más que la que ellos ocupaban. Don Cleofás dijo:

—Por no esperar, si estos señores nos dan licencia, podremos comer juntos, y ya que ellos van en la silla, nosotros iremos en las ancas.

Y sentándose los dos al paso que lo decían, fue todo uno, trayéndoles el Ventero la porción susodicha, con todas sus adherencias e incidencias, y comenzaron a comer en compañía de los extranjeros, que el uno era francés; el otro inglés; el otro italiano, y el otro tudesco, que había ya pespuntado la comida más aprisa a brindis de vino blanco y clarete, y tenía a orza la testa[301], con señales de vómito y tiempo borrascoso, tan zorra[302] de cuatro costados, que pudiera temerle el corral de gallinas del Ventero. El italiano preguntó a don Cleofás que de adónde venía, y él le respondió que de Madrid. Repitió el Italiano:

—¿Qué nuevas hay de guerra, señor Español?

Don Cleofás le dijo:

—Ahora todo es guerra.

—Y ¿contra quién dicen? –replicó el Francés.

—Contra todo el mundo –le respondió don Cleofás–, para ponerlo todo él a los pies del Rey de España.

—Pues a fe –replicó el Francés– que primero que el Rey de España...

Y antes que acabase la razón el Gabacho[303], dijo don Cleofás:

—El Rey de España...

Y el Cojuelo le fue a la mano, diciendo:

—Déjame, don Cleofás, responder a mí, que soy español por la vida, y con quien vengo, vengo; que les quiero con alabanzas del Rey de España dar un tapaboca a estos borrachos, que si leen las historias de ella, hallarán que por Rey de Castilla tiene virtud de sacar demonios, que es más generosa cirugía que curar lamparones.[304]

---

300   *Salmorejo*: crema servida habitualmente como primer plato, tradicional de Córdoba (Andalucía), consistente en un triturado de miga de pan, ajo, aceite de oliva, sal, y tomates.

301   *Tener a orza la testa*: si bien *orzar* es llevar la proa de un navío hacia el viento, el sentido de la expresión es tener la cabeza inclinada de lado (*escorada*).

302   *Zorra*: borrachera.

303   *Gabacho*: despectivo por Francés.

304   Ver nota 95, *The Limping Devil*, en este volumen.

Los extranjeros, habiendo visto callar al Español, estaban muy falsos, cuando el Cojuelo, sentándose mejor y tomando la mano, y en traje castellano que ya había dejado a la guardarropa del viento el turquesco, les dijo:

—Señores míos, mi camarada iba a responder, y a mí, por tener más edad, me toca el hacerlo; escúchenme atentamente, por caridad. El Rey de España es un generosísimo lebrel, que pasa acaso solo por una calle, y no hay gozque[305] en ella que a ladrarle no salga, sin hacer caso de ninguno, hasta que se juntan tantos, que se atreve uno, al desembocar de ella a otra, pensando que es sufrimiento y no desprecio, a besarle con la boca la cola; entonces vuelve, y dando una manotada a unos y otra a otros, huyen todos, de manera que no saben dónde meterse, y queda la calle tan barrida de gozques y con tanto silencio, que aun a ladrar no se atreven, sino a morder las piedras, de rabia. Esto mismo le sucede siempre con los reyes contrarios, con las señorías y potentados, que son todos gozques con Su Majestad Católica; pero guárdese el que se atreviere a besarle la cola; que ha de llevar manotada que escarmiente de suerte a los demás, que no hallen dónde meterse, huyendo de él.

Los extranjeros se comenzaron a escarapelar[306], y el Francés le dijo:

—¡Ah, bugre, coquín español!

Y el Italiano:

—¡Forfante, marrano español!

Y el Inglés:

—¡Nitesgut español!

Y el Tudesco estaba de suerte, que lo dio por recibido, dando permisión que hablasen los demás por él en aquellas cortes.

Don Cleofás, que los vio palotear y echar espadañas de vino y herejías contra lo que había dicho su camarada, acostumbrado a sufrir poco y al refrán de «quien da luego, da dos veces», levantando el banco en que estaban sentados los dos, dio tras ellos, adelantándose el compañero con las muletas en la mano, manejándolas tan bien, que dio con el Francés en el tejado de otra venta que estaba tres leguas de allí, y en una necesaria de Ciudad Real con el Italiano, porque muriese hacia donde pecan, y con el Inglés, de cabeza en una caldera de agua hirviendo que tenían para pelar un puerco en casa de un labrador de Adamuz; y al Tudesco, que se había anticipado a caer de bruces a los

---

305 *Gozque*: Perro pequeño muy sentido y ladrador (DRAE).
306 *Escarapelar, se*: Reñir, trabar cuestiones o disputas y contiendas unos con otros (DRAE).

pies de don Cleofás, le volvió al Puerto de Santa María, de donde había salido quince días antes, a dormir la zorra. El Ventero se quiso poner en medio, y dio con él en Peralvillo, entre aquellas cecinas de Gestas, como en su centro.

Volviéronse, con esto, a sentar a comer de los despojos que había dejado el enemigo, muy despacio, y estando en los postreros lances de la comida, entraron algunos mozos de mulas en la venta, llamando al Huésped y pidiendo vino, y tras ellos, en el mismo carruaje, una compañía de representantes que pasaban de Córdoba a la Corte, con gana de tomar un refresco en la venta. Venían las damas en jamugas[307], con bohemios, sombreros con plumas y mascarillas en los rostros, los chapines, con plata, colgando de los respaldares de los sillones; y ellos, unos con portamanteos sin cojines, y otros sin cojines ni portamanteos, las capas dobladas debajo, las valonas en los sombreros, con alforjas detrás; y los músicos, con las guitarras en cajas delante en los arzones, y algunos de ellos ciclanes[308] de estribos, y otros, eunucos, con los mozos que le sirven a las ancas, unos con espuelas sobre los zapatos y las medias, y otros con botas de rodillera, sin ninguna, otros con varas para hacer andar sus cabalgaduras y las de las mujeres. Los apellidos de los más eran valencianos, y los nombres de las representantas se resolvían en Marianas y Anas Marías, hablando todo recalcado, con el tono de la representación. La conversación con que entraron en la venta era decir que habían robado a Lisboa, asombrado a Córdoba y escandalizado a Sevilla, y que habían de despoblar a Madrid, porque con sola la loa que llevaban para la entrada, de un tundidor[309] de Écija, habían de derribar cuantos autores entrasen en la Corte. Con esto, se fueron arrojando de las cabalgaduras, y los maridos, muy severos, apeando en los brazos a sus mujeres, llamando todos al Huésped,

«y él de nada se dolía».[310]

La Autora se asentó en una alfombrilla que la echaron en el suelo; las demás princesas, alrededor, y el Autor andaba solicitando el regalo

---

307　*Jamugas*; Silla de tijera, con patas curvas y correones para apoyar espalda y brazos, que se coloca sobre el aparejo de las caballerías para montar cómodamente a mujeriegas.

308　*Ciclan*: que tiene un solo testículo.

309　*Tundidor*: el que *tunde* (corta el pelo de) los paños. Como el tundidor termina los paños que otro teje podría ser esto una metáfora por alguien que reajusta o copia la obra de otro autor.

310　Ver nota 100, *The Limping Devil*, en este volumen.

de todos, como pastor de aquel ganado. Y dijo el Cojuelo:

—Con el señor Autor estoy en pecado mortal de parte de mis camaradas.

—¿Por qué? —dijo don Cleofás.

Respondió el Diablillo:

—Porque es el peor representante del mundo, y hace siempre los demonios en los autos del Corpus, y está perdigado para demonio de veras, y para que haga en el infierno los autores si se representaren comedias; que algunas hacen estas farándulas, que aun para el infierno son malas.

—Uno he visto aquí —dijo don Cleofás—, entre los demás compañeros, que le he deseado cruzar la cara, porque me galanteó en Alcalá una doncella, moza mía, que se enamoró de él viéndole hacer un rey de Dinamarca.

—Doncella —dijo el Cojuelo— debía de ser de allá; pero si quieres —prosiguió— que tomemos los dos venganza del Autor y del Representante, espera y verás cómo lo trazo; porque ahora quieren repartir una comedia con que han de segundar en Madrid, y sobre los papeles has de ver lo que pasa.

Al mismo tiempo que decía esto el Cojuelo, el apuntador de la compañía sacó de una alforja los de una comedia de Claramonte[311], que había acabado de copiar en Adamuz el tiempo que estuvieron allí, diciendo al Autor:

—Aquí será razón que se repartan estos papeles, entretanto que se adereza la comida y parece el Huésped.

El Autor vino en ello, porque se dejaba gobernar del tal Apuntador, como de hombre que tenía grandísima curia en la comedia, y había sido estudiante en Salamanca, y le llamaban el Filósofo por mal nombre; y llegando con el papel de la segunda dama a Ana María, mujer del que cantaba los bajetes y bailaba los días del Corpus, habiéndole dado la primera dama a Mariana, la mujer del que cobraba y que hacía su parte también en las comedias de tramoya, arrojándole, dijo que ella había entrado para partir entre las dos los primeros papeles, y que siempre le daban los segundos, y que ella podía enseñar a representar a cuantas andaban en la comedia, porque había representado al lado de las mayores representantas del mundo y en la legua la llamaban Amarilis[312],

---

311   Ver nota 102, *The Limping Devil*, en este volumen.
312   Ver nota 103, *The Limping Devil*, en este volumen.

segunda de este nombre. Esa otra le dijo que no sabría mirar lo que ella con su zapato representaba, respondiéndole esa otra que de cuándo acá tenía tanta soberbia, sabiendo que en Sevilla le prestó hasta las enaguas para hacer el papel de Dido en la gran comedia de don Guillén de Castro[313], echando a perder la comedia y haciendo que silbasen la compañía.

—Tú eres la silbada –dijo esa otra–, y tu ánima.

Llegando a las manos y diciéndose palabras mayores, y tan grandes, que alcanzaron a los maridos; y sacando unos con otros las espadas, comenzó una batalla de comedia, metiéndolos en paz los mozos de mulas con los frenos que acababan de quitar; y dejándolos empelotados, se salieron don Cleofás y el Cojuelo de la venta al camino de Andalucía, quedándose abrasando a cuchilladas la compañía, que fuera un Roncesvalles[314] del molino del papel si el Ventero no llegara con la Hermandad en busca de los dos que se fueron, para prenderlos, con escopetas, chuzos y ballestas; y hallando esta nueva matanza en su venta, y jarros, tinajas y platos hechos tantos en la refriega, los apaciguaron, y prendieron a los dichos representantes para llevarlos a Ciudad Real, habiendo de tener otra pelaza más pesada con el alguacil que los traía a Madrid por orden de los arrendadores, con comisión del Consejo.

---

313   Ver nota 104, *The Limping Devil*, en este volumen.
314   Ver nota 105, *The Limping Devil*, en este volumen.

TRANCO VI

En este tiempo, nuestros caminantes, tragando leguas de aire, como si fueran camaleones de alquiler, habían pasado a Adamuz, del gran Marqués del Carpio, Haro y nobilísimo descendiente de los señores antiguos de Vizcaya, y padre ilustrísimo del mayor Mecenas que los antiguos ingenios y modernos han tenido, y caballero que igualó con sus generosas partes su modestia[315]. Y habiéndose sorbido los siete vados y las ventas de Alcolea, se pusieron a vista de Córdoba por su fertilísima campiña y por sus celebradas dehesas [316] gamonosas[317], donde nacen y pacen tanto brutos, hijos del Céfiro más que los que fingió la antigüedad en el Tajo portugués[318]; y entrando por el Campo de la Verdad[319] (pocas veces pisado de gente de esta calaña) a la Colonia y populosa patria de dos Sénecas y un Lucano, y del padre de la Poesía española, el celebrado Góngora, a tiempo que se celebraban fiestas de toros aquel día y juegos de cañas, acto positivo que más excelentemente ejecutan los caballeros de aquella ciudad, y tomando posada en el mesón de las Rejas, que

---

315   Ver nota 107, *The Limping Devil*, en este volumen.

316   *Dehesa*: bosque formado por encinas, alcornoques u otras especies, con estrato inferior de pastizales o matorrales, destinado al mantenimiento del ganado.

317   *Gamonosa*: plena de *asfódelo, varilla de San José, gamoncillo o gamón blanco* (*Asphodelus albus*), que crece de forma silvestre en praderas y llanuras soleadas de España. No es especie forrajera, salvo para alimentar cerdos con sus hojas. Quizás sea una clave poética, Homero afirma que en el Hades o mundo subterráneo estaban los Prados Asfódelos, adonde iban los muertos que no merecían premio ni castigo.

318   Ver nota 108, *The Limping Devil*, en este volumen.

319   *Campo de la Verdad*: Cercano a la ciudad de Córdoba, en el margen izquierdo del Guadalquivir. En época árabe era un populoso arrabal llamado *arrabal de Saqunda*. El nombre es por una batalla entre Pedro I *el Cruel*, que tenía sitiada la ciudad, y las tropas cordobesas partidarias de Enrique II de Trastámara dirigidas por Alonso de Montemayor, quien antes de la batalla fue acusado de traición. Su madre le preguntó si era cierto que iba al campo de batalla para entregar la ciudad, a lo que él respondió «en el campo se verá la verdad». Los cordobeses vencieron, y de ahí el nombre.

estaba lleno de forasteros que habían concurrido a esta celebridad, se apercibieron para ir a verlas, limpiándose el polvo de las nubes; y llegando a la Corredera, que es la plaza donde siempre se hacen estas festividades, se pusieron a ver un juego de esgrima que estaba en medio del concurso de la gente, que en estas ocasiones suele siempre en aquella provincia preceder a las fiestas, a cuya esfera no había llegado la línea recta, ni el ángulo obtuso ni oblicuo; que todavía se platicaba el uñas arriba y el uñas abajo de la destreza primitiva que nuestros primeros padres usaron[320]; y acordándose don Cleofás de lo que dice el ingeniosísimo Quevedo en su *Buscón,* pensó perecer de risa[321], bien que se debe al insigne don Luis Pacheco de Narváez haber sacado de la oscura tiniebla de la vulgaridad a luz la verdad de este arte, y del caos de tantas opiniones las demostraciones matemáticas de esta verdad.

Había dejado en esta ocasión la espada negra[322] un mozo de Montilla, bravo aporreador, quedando en el puesto otro de los Pedroches, no menos bizarro campeón, y arrojándose, entre otros que la fueron a tomar muy aprisa, don Cleofás la levantó primero que todos, admirando la resolución del forastero, que en el ademán les pareció castellano, y dando a su camarada la capa y la espada como es costumbre, puso bizarramente las plantas en la palestra. En esto, el Maestro, con el montante[323], barriendo los pies a los mirones, abrió la rueda, dando aplauso a la pendencia vellorí[324], pues se hacía con espadas mulatas; y partiendo el andaluz y el estudiante castellano uno para otro airosamente, corrieron una ida y venida sin tocarse al pelo de la ropa, y a la segunda, don Cleofás, que tenía algunas revelaciones de Carranza[325], por el cuarto círculo le dio al andaluz con la zapatilla[326] un golpe de pechos, y él, metiendo el brazal, un tajo a don Cleofás en la cabeza, sobre la guarnición de la espada; y convirtiendo don Cleofás el reparo en revés, con un movimiento accidental, dio tan grande tamborilada al contrario, que sonó como si la hubiera dado en la tumba de los Castillas.

---

320   Ver nota 111, *The Limping Devil*, en este volumen.
321   Ver nota 112, *The Limping Devil*, en este volumen.
322   *Espada negra:* o *de esgrima*, sin filo y con botón en la punta.
323   *Montante:* espada ancha de gavilanes muy largos, que manejan los maestros de armas con ambas manos para separar las batallas en la esgrima.
324   *Vellorí:* Paño entrefino de color pardo ceniciento o de lana sin teñir (DRAE).
325   *Jerónimo Sánchez de Carranza* (¿1539-1608?) militar y escritor español, considerado el padre de la esgrima española, autor de *De la Filosofía de las Armas y de su Destreza y la Aggression y Defensa Cristiana* (1582).
326   *Zapatilla:* botón de cuero que se pone en la punta de la espada negra.

Alborotáronse algunos amigos y conocidos que había en el corro, y sobre el montante del señor Maestro le entraron tirando algunas estocadillas veniales al tal don Cleofás, que con la zapatilla, como con agua bendita, se las quitó, y apelando a su espada y capa, y el Cojuelo a sus muletas, hicieron tanta riza en el montón agavillado, que fue menester echarles un toro para ponerlos en paz: tan valiente montante de Sierra Morena, que a dos o tres mandobles puso la plaza más despejada que pudieran la guarda tudesca y española, a costa de algunas bragas que hicieron por detrás cíclopes a sus dueños, encaramándose a un tablado don Cleofás y su camarada, muy falsos, a ver la fiesta, haciéndose aire con los sombreros, como si tal no hubiera pasado por ellos; y acechándolos unos alguaciles, porque en estas ocasiones siempre quiebra la soga por lo más forastero, habiendo desjarretado el toro, llegaron desde la plaza a caballo, diciéndoles:

—Señor Licenciado y señor Cojo, bajen acá, que los llama el señor Corregidor.

Y haciendo don Cleofás y su compañero orejas de mercader[327], comenzaron los ministros o vaqueros de la justicia a quererlo intentar con las varas, y agarrándose cada uno de la suya, a vara por barba, dijeron a los tales ministros, quitándoselas de las manos de cuajo:

—Sígannos vuesas mercedes si se atreven a alcanzarnos.

Y levantándose por el aire, parecieron cohetes voladores, y los dichos alguaciles, capados de varas, pedían a los gorriones: «¡Favor a la justicia!», quedándose suspensos y atribuyendo la agilidad de los nuevos volatines a sueño, haciendo tan alta punta los dos halcones, salvando a Guadalcázar, del ilustre Marqués de este título, del claro apellido de los Córdobas, que dieron sobre el rollo de Écija[328], diciéndole el Cojuelo a don Cleofás:

—Mira qué gentil árbol berroqueño[329], que suele llevar hombres, como otros fruta.

—¿Qué columna tan grande es esta? –le preguntó don Cleofás.

—El celebrado rollo del mundo –le respondió el Cojuelo.

—Luego ¿esta ciudad es Écija? –le repitió don Cleofás.

—Esta es Écija, la más fértil población de Andalucía –dijo el Dia-

---

327 *Hacer orejas de mercader*: darse por desentendido, hacer que no oye.

328 *Rollo de Écija*: Pilar cilíndrico sobre gradas, símbolo de jurisdicción propia e independiente y sitio donde se realizaban las ejecuciones. El Concejo de Écija contó desde la toma de la ciudad, en 1240, con un Rollo. Es el antecedente de la *picota*.

329 *Berroqueño*: Granítico. Duro, áspero, poco sensible y delicado

blillo–, que tiene aquel sol por armas a la entrada de ese hermoso puente, cuyos ojos rasgados lloran a Genil, caudaloso río que tiene su solar en Sierra Nevada, y después, haciendo con el Darro maridaje de cristal, viene a calzar de plata estos hermosos edificios y tanto pueblo de abril y mayo. De aquí fue Garci Sánchez de Badajoz, aquel insigne poeta castellano; y en esta ciudad solamente se coge el algodón, semilla que en toda España no nace, además de otros veinticuatro frutos, sin sembrarlos, de que se vale para vender la gente necesitada; su comarca también es fertilísima. Montilla cae aquí a mano izquierda, habitación de los heroicos marqueses de Priego, Córdobas y Aguilares, de cuya gran casa salió, para honra de España, el que mereció llamarse Gran Capitán por antonomasia, y hoy a su Marqués ilustrísimo se le ha acrecentado la casa de Feria, por morir sin hijos aquel gran portento de Italia, que malogró la Fortuna, de envidia; cuyo gran sucesor, siendo mudo, ocupa a grandezas en silencio elocuente las lenguas de la Fama. Más abajo está Lucena, del Alcaide de los Donceles, Duque de Cardona, en cuyo océano de blasones se anegó la gran casa de Lerma. Luego, Cabra, celebrada por su sima, tan profunda como la antigüedad de sus dueños, pregona con las lenguas de sus almenas que es del ínclito Duque de Sesa y Soma, y que la vive hoy su entendido y bizarro heredero. Luego Osuna se ofrece a la demarcación de estos ilustres edificios, blasonando con tantos maestres Girones la altivez de sus duques; y veintidós leguas de aquí cae la hermosísima Granada, paraíso de Mahoma, que no en vano la defendieron tanto sus valientes africanos españoles, de cuya Alhambra y Alcazaba es alcaide el nobilísimo Marqués de Mondéjar, padre del generoso Conde de Tendilla, Mendozas del Ave María y credo de los caballeros. No nos olvidemos, de camino, de Guadix, ciudad antigua y celebrada por sus melones, y mucho más por el divino ingenio del doctor Mira de Mescua, hijo suyo y arcediano.

Cuando iba el Cojuelo refiriendo esto, llegaron a la Plaza Mayor de Écija, que es la más insigne de Andalucía, y junto a una fuente que tiene en medio de jaspe, con cuatro ninfas gigantas de alabastro derramando lanzas de cristal, estaban unos ciegos sobre un banco, de pies, y mucha gente de capa parda de auditorio, cantando la relación muy verdadera que trataba de cómo una maldita dueña se había hecho preñada del diablo, y que por permisión de Dios había parido una manada de lechones, con un romance de don Álvaro de Luna y una letrilla contra los demonios, que decía:

«Lucifer tiene muermo:
Satanás, sarna,
y el Diablo Cojuelo
tiene almorranas.
Almorranas y muermo,
sarna y ladillas,
su mujer se las quita
con tenacillas.»

El Cojuelo le dijo a don Cleofás:

—¿Qué te parece los testimonios que nos levantan estos ciegos y las sátiras que nos hacen? Ninguna raza de gente se nos atreve a nosotros si no son estos, que tienen más ánimo que los mayores ingenios; pero esta vez me lo han de pagar, castigándose ellos mismos por sus propias manos, y daré, de camino, venganza a las dueñas, porque no hay en el mundo quien no las quiera mal, y nosotros las tenemos grandes obligaciones, porque nos ayudan a nuestros embustes; que son demonias hembras.

Y sobre la entonación de las coplas metió el Cojuelo tanta cizaña entre los ciegos que, arrempujándose primero, y cayendo de ellos en el pilón de la fuente, y esos otros en el suelo, volviéndose a juntar, se mataron a palos, dando barato, de camino, a los oyentes, que les respondieron con algunos puñetes y coces. Y como llegaron a Écija con las varas de los alguaciles de Córdoba, pensando que traían alguna gran comisión de la Corte, llegó la justicia de la ciudad a hacerles fiesta y a lisonjearlos con ofrecerles sus posadas, y ellos, valiéndose de la ocasión, admitieron las ofertas, con que fueron regalados como cuerpos de rey; y preguntándoles qué era el negocio que traían para Écija, el Cojuelo les respondió que era contra los médicos y boticarios, y visita general de beatas; y que a los médicos se les venía a vedar que después de matar un enfermo, no les valiese la mula por sagrado; y que, cuando no se saliese con esto, por lo menos, a los boticarios que errasen las purgas, que no pudiesen ser castigados si se retrajesen en los cementerios de las mulas de los médicos, que son las ancas; y que a las beatas se les venía a quitar el tomar tabaco, beber chocolate y comer gigote.

Parecióle al Alguacil Mayor, que no era lerdo y tenía su punta de hacer jácaras y entremeses, que hacían burla de ellos, y quiso agarrarlos

para dar con ellos en la trena[330], y después sacudirles el polvo y bata-
narles[331] el cordobán[332], por embelecadores, embusteros y alguaciles
chanflones; y levantando el Cojuelo una polvareda de piedra azufre y
asiendo a don Cleofás por la mano, se desaparecieron, entre la cólera y
la resolución de los ministros ecijanos, dejándolos tosiendo y estornu-
dando, dándose de cabezadas unos a otros sin entenderse, haciendo los
neblíes de la más oscura Noruega[333] puntas a diferentes partes; y dejando a la derecha a Palma, donde se junta Genil con Guadalquivir por
el vicario de las aguas, villa antigua de los Bocanegras y Portocarreros,
y de quien fue dueño aquel gran cortesano y valiente caballero don Luis
Portocarrero, cuyo corazón excedió muchas varas a su estatura, y luego
a la Monclova, bosque deliciosísimo y monte de Clovio, valeroso
capitán romano, y posesión hoy de otro Portocarrero y Enríquez, no
menos gran caballero que el pasado, y a la hermosa villa de Fuentes, de
quien fue marqués el bizarro y no vencido don Juan Claros de Guzmán
el Bueno, que, después de muchos servicios a su rey, murió en Flandes
con lástima de todos y envidia de más, hijo de la gran casa de Medina-
Sidonia, donde todos sus Guzmanes son Buenos por apellido, por
sangre y por sus personas esclarecidas, sin tocar el pelo de la ropa a Marchena, habitación noble de los duques de Arcos, marqueses que fueron
de Cádiz, de quien hoy es meritísimo señor el excelentísimo duque don
Rodrigo Ponce de León, en quien se cifran todas las proezas y
grandezas heroicas de sus antepasados, columbrando desde más lejos
a Villanueva del Río, de los marqueses de Villanueva, Enríquez y Riberas, y hoy de don Antonio Álvarez de Toledo y Beamonte, marqués
suyo y duque de Huesca, heredero ilustre del gran Duque de Alba,
Condestable de Navarra, llegaron de un vuelo los dos pajarotes de camarada, no siendo esta la mayor pareja que habían corrido, al pie de la
cuesta de Carmona, en su dilatada, fértil y celebrada vega, donde les
anocheció, diciéndole don Cleofás al amigo:

—Camarada, descansemos un poco, que es mucho pajarear este, y
nos metemos a lechuzas silvestres; que la serenidad de la noche y el

---

330 *Trena*: Cárcel de presos (DRAE).
331 *Batanar*: Golpear o batir con los manos del batán los paños u otros géneros para que se
     limpien del azeite, y se incorporen y cierren [...] Por alusión significa aporrear, dar
     golpes, y maltratar con palos y bastonazos a uno.
332 *Cordobán*: originalmente cuero de cabra o macho cabrío de alta calidad, muy ligero y
     suave. Comunmente piel curtida de potro que se utiliza en la elaboración de zapatos de
     lujo.
333 *Neblí*: Variedad de halcón. Originarios del norte de Europa..

verano brindan a pasarla en el campo.

—Soy de ese parecer –dijo el Cojuelo–: tendamos la raspa en este pradillo junto a este arroyo, espejo donde se están tocando las estrellas, porque aguardan a la madrugada visita del Sol, Gran Turco de todas esas señoras.

Y don Cleofás, poniendo el ferreruelo[334] por cabecera y la espada sobre el estómago, acomodó el individuo, y estando boca arriba, paseando con los ojos la bóveda celestial, cuya fábrica portentosa al más ciego gentil obliga a rastrear que la mano de su artífice es de Dios, y de gran Dios, le dijo al camarada:

—¿No me dirás, pues has vivido en aquellos barrios, si esas estrellas son tan grandes como esos astrólogos dicen cuando hablan de su magnitud, y en qué cielo están, y cuántos cielos hay, para que no nos den papillas cada día con tantas y tan diversas opiniones, haciéndonos bobos a los demás con líneas y coluros[335] imaginados, y si es verdad que los planetas tienen epiciclos, y el movimiento de cada cielo, desde el primer móvil al remiso y al trepidante, y dónde están los signos de estos luceros escribanos, porque yo desengañe al mundo y no nos vendan imaginaciones por verdades?

El Cojuelo le respondió:

—Don Cleofás, nuestra caída fue tan aprisa, que no nos dejó reparar en nada; y a fe que si Lucifer no se hubiera traído tras de sí la tercera parte de las estrellas, como repiten tantas veces en los autos del Corpus, aún hubiera más en que haceros más garatusas[336] la Astrología. Esto todo sea con perdón del antojo del Galileo y el del gran don Juan de Espina[337], cuya célebre casa y peregrina silla son ideas de su raro

---

334 *Ferreruelo*: Capa algo larga, con solo cuello.sin capilla. (DRAE).

335 *Coluro*: En astronomía, cualquiera de los círculos máximos que cortan en ángulo recto en los polos y atraviesan el zodíaco. *Coluro de Equinoccios*, pasa por los primeros grados de Aries y Libra. *Coluro de los Solsticios*, pasa por Cáncer y Capricornio.

336 *Garatusas*: Lance de juego de naipes cuyo objetivo es dejar malparado al oponente. Treta en esgrima. Caricias, fiestas, halagos para ganar la voluntad de uno.

337 *Juan de Espina*: (1563-1642) personaje legendario dedicado al estudio de las matemáticas, astrología y música. Sirvió a los reyes Felipe II, Felipe III y Felipe IV, y pasó su vida entre el Palacio de la Bárcena, en Cantabria, y su casa en Madrid. Coleccionó ingenios mecánicos y científicos, órganos hidráulicos, brújulas, binóculos, relojes astronómicos, autómatas de madera, una balanza de la que se decía que era tan precisa que era capaz de pesar la pata de una mosca, obras de arte de incalculable valor. Y también pequeñas calaveras (se decía que de duendes), enormes huesos (atribuidos a gigantes), cristales de Venecia, ídolos precolombinos. Uno de los objetos más famosos era su silla giratoria, que donó al rey Felipe IV. La Inquisición siempre sospechó de él, finalmente fue denunciado por unos papeles publicados sobre astrología. Tras el juicio regresó a Madrid donde murió según la leyenda atendido por autómatas.

ingenio; que yo hablo de antojos abajo, como de tejas, y salvo la óptica de estos señores antojadizos que han descubierto al Sol un lunar en el lado izquierdo, y en la Luna han linceado montes y valles, y han visto a Venus *cornuta*. Lo que yo sé decir, que el poco tiempo que estuve por allá arriba nunca oí nombrar la Bocina, el Carro, la *Espica Vírginis,* la *Ursa major* ni la *Ursa minor,* las Pléyades ni las Helíades, nombres que los de la Astrología les han dado, y esa que llamaron *Vía Láctea,* y ahora los vulgares Camino de Santiago, por donde anda tanto el cojo como el sano; que si esto fuera así, yo también, por lo cojo, había de andar por aquel camino, siendo hijo de vecino de aquella provincia.

Ya en estas razones últimas se había agradecido al sueño el tal don Cleofás, dejando al compañero de posta como grulla de la otra vida, cuando un gran estruendo de clarines y cabalgaduras le despertó sobresaltado, recelando que se le llevaba a otra parte más desacomodada el que le había agasajado hasta entonces; pero el Diablillo le sosegó, diciendo:

—No te alborotes, don Cleofás; que, estando conmigo, no tienes que temer nada.

—Pues ¿qué ruido tan grande es este? –le replicó el Estudiante.

—Yo te lo diré –dijo el Cojuelo–, si acabas de despertar y me escuchas con atención.

TRANCO VII

E l Estudiante se incorporó entonces, supliendo con bostezos y esperezos lo que le faltaba por dormir, y prosiguió el Diablillo, diciendo:

—Todo este estruendo trae consigo la casa de la Fortuna, que pasa al Asia Mayor a asistir a una batalla campal entre el Mogor[338] y el Sofí[339], para dar la victoria a quien menos la mereciere. Escucha y mira; que esta que pasa es su recámara, y en lugar de acémilas van mercaderes y hombres de negocios que llaman, cargados de cajas de moneda de oro y plata, con reposteros bordados encima con las armas de la Fortuna, que son los cuatro vientos, y un arpón en una torre, moviéndose a todos cuatro, sogas y garrotes del mismo metal que llevan, y, con ir con tanto peso, van descansados, a su parecer. Esta tropa innumerable que pasa ahora mal concertada es de oficiales de boca, cocineros, mozos de cocina, botilleres, reposteros, despenseros, panaderos, veedores, y la demás canalla que toca a la bucólica. Estos que vienen ahora a pie, con fieltros blancos terciados por los hombros, son lacayos de la Fortuna, que son los mayores ingenios que ha tenido el mundo, entre los cuales va Homero, Píndaro, Anacreonte, Virgilio, Ovidio, Horacio, Silio Itálico, Lucano, Claudiano, Estacio Papinio, Juvenal, Marcial, Catulo, Propercio, el Petrarca, Sannazaro, el Taso, el Bembo, el Dante, el

---

338 *Mogor*: o *Mogol*, se refiere a Akbar, nieto de Zahir-ud-Din Babur y sus descendientes, quienes gobernaban un territorio que se extendía desde Kabul al noroeste, Cachemira al norte, Bengala al este y más allá del río Narmada en la zona central de India. Impulsaban una nueva religión tolerante, llamada *din-i-ilahi* («fe divina») que ofendió profundamente a los musulmanes ortodoxos. La lucha precipitó la caída del nieto de Akbar, Sha Yaján, en 1658.

339 *Sofí*: o *Sufí*, quien ocupa el más alto grado de realización espiritual en el camino iniciático del Islam.

Guarino, el Ariosto, el caballero Marino, Juan de Mena, Castillejo, Gregorio Hernández, Garci Sánchez, Camoes y otros muchos que han sido en diferentes provincias príncipes de la Poesía.

—Por cierto que han medrado poco –dijo el Estudiante–, pues no han pasado de lacayos de la Fortuna.

—No hay en su casa –dijo el Cojuelo– quien tenga lo que merece.

—¿Qué escuadrón es este tan lucido, con joyas de diamantes y cadenas y vestidos lloviendo oro y perlas –prosiguió el Estudiante–, que llevan tantos pajes en cuerpo que los alumbran con tantas hachas blancas, y van sobre filósofos antiguos que les sirven de caballos, de tan malos talles, que los más son corcovados, cojos, mancos, calvos, narigones, tuertos, zurdos y balbucientes?

—Estos son –dijo el Cojuelo– potentados, príncipes y grandes señores del mundo, que van acompañando a la Fortuna, de quien han recibido los estados y las riquezas que tienen, y, con ser tan poderosos y ricos, son los más necios y miserables de la tierra.

—¡Buen gusto ha tenido la Fortuna, por cierto! –dijo don Cleofás–. ¡Bien se le parece que tiene nombre de mujer: que escoge lo peor!

—Primero lo debieron a la naturaleza –respondió el Cojuelo, y prosiguió diciendo–: Aquel gigante que viene sobre un dromedario, con un ojo, y ese ciego, solamente, en la mitad de la frente, con un árbol en las manos de suma magnitud, lleno de bastones, mitras, laureles, hábitos, capelos, coronas y tiaras, es Polifemo, que después que le cegó Ulises, le ha dado la Fortuna a cargo aquella escarpia de dignidades, para que las reparta a ciegas, y va siempre junto al carro triunfal de la Fortuna, que es aquel que le tiran cincuenta emperadores griegos y romanos, y ella viene cercada de faroles de cristal, con cirios pascuales encendidos dentro de ellos, sobre una rueda llena de arcaduces[340] de plata, que siempre está llenándolos y vaciándolos de viento, y ese otro pie, en el elemento mismo, que está lleno de camaleones que le van dando memoriales, y ella rompiéndolos. Ahora vienen siguiéndola sus damas en elefantes, con sillones de oro sembrados de balajes[341], rubíes y crisólitos[342]. La primera es la Necedad, camarera mayor suya, y aunque fea, muy favorecida. La Mudanza es esa otra, que va dando cédulas de casamiento, y no cumpliendo ninguna. Esa otra es la Lisonja, vestida a la

---

340   *Arcaduz*: Vaso o cangilón con que se saca el agua en las norias.
341   *Balaje*: Rubí de color rojo muy oscuro, con reflejos violáceos.
342   *Crisólito*: piedra preciosa de silicato natural de hierro y magnesio, de color verdoso.

francesa de tornasoles de aguas, y lleva en la cabeza un iris de colores por tocado, y en cada mano cien lenguas. Aquella que la sucede, vestida de negro, sin oro ni joya, de linda cara y talle, que viene llorosa, es la Hermosura: una dama muy noble y muy olvidada de los favores de su ama. La Envidia la sigue y la persigue, con un vestido pajizo, bordado de basiliscos y corazones.

—Siempre esa dama –dijo don Cleofás– come grosura: que es halcón de las alcándaras de palacio.

—Esa otra que viene –prosiguió el Cojuelo–, que parece que va preñada, es la Ambición, que está hidrópica de deseos y de imaginaciones. Esa otra es la Avaricia, que está opilada de oro, y no quiere tomar el acero, porque es más bajo metal. Aquellas que vienen, con tocas largas y antojos, sobre minotauros, son la Usura, la Simonía, la Mohatra, la Chisme, la Baraja, la Soberbia, la Invención, la Hazañería, dueñas de la Fortuna. Los que vienen galanteando a estas señoras todas y alumbrándolas con antorchas de colores diferentes son ladrones, fulleros, astrólogos, espías, hipócritas, monederos falsos, casamenteros, noveleros, corredores, glotones y borrachos. Aquel que viene sobre el asno de oro de Lucio Apuleyo es Creso, mayordomo mayor de la Fortuna, y a su mano izquierda, Astolfo, su caballerizo mayor. Aquellos que van sobre cubas con ruedas y velicómenes en las manos, dando carcajadas de risa, son sus gentileshombres de la copa, que han sido taberneros de Corte primero. Aquella escuadra de salvajes que vienen en jumentos de albarda son contadores, tesoreros, escribanos de raciones, administradores, historiadores, letrados, correspondientes, agentes de la Fortuna, y llevan manos de almireces por plumas, y por papel, pieles de abadas. Tras de ellos viene una silla de manos, bordada de trofeos, para las visitas de la Fortuna; los silleros son Pitágoras, Diógenes, Aristóteles, Platón, y otros filósofos para remudar, con camisolas y calzones de tela de nácar, herrados los rostros con eses y clavos. Aquéllos que vienen ahora de tres en tres, sobre tumbas enlutadas, a la jineta y a la brida, son médicos de la cámara y de la familia, boticarios y barberos de la Fortuna. Ahora cierra todo este escuadrón y acompañamiento aquella prodigiosísima torre andante, que es la de Babilonia, llena de gigantes, de enanos, de bailarines y representantes, de instrumentos músicos y marciales, de voces, de algazaras, que se ven y oyen por infinitas ventanas que tiene el edificio, coronadas de luminarias y flechando girándulas y cohetes voladores; y en un balcón grande de la fachada va la Esperanza: una jayana vestida de verde, muy larga de estatura, y muchos pretendientes por abajo, a pie, soldados, capitanes, abogados, artífices y profesores de diferentes ciencias, mal vestidos, hambrientos y desesperados, dándole voces, y con la confusión no se entienden los unos a los otros, ni los otros a los unos. Y por otro balcón del lado derecho va la Prosperidad, coronada de espigas de oro y vestida de brocado de tres altos, bordado de las cuatro estaciones del año, sembrando talegos sobre muchos mentecatos ricos, que van en literas roncando, que no los han menester y piensan que los sueñan. Ahora sigue todo este aparato una infinita tropa de carros largos, llenos de comida y vestidos de mujeres y de hombres, que es la guardarropa de la Fortuna; y con ir tantos como la siguen desnudos y hambrientos, no les da un bocado que coman ni un trapo con que se cubran, y aunque los repartiera con ellos, no les vinieran bien; que están hechos solamente a medida de los dichosos.

Seguía este carruaje un escuadrón volante de locos, a pie, y a caballo, y en coches, con diferentes temas, que habían perdido el juicio de varios sucesos de la Fortuna por mar y por tierra, unos riéndose, otros llorando, otros cantando, otros callando, y todos renegando de ella; y no tomaba de otros parecer, diligencia, para no acertar nada, desapareciendo toda esta máquina confusa una polvareda espantosa, en cuyo temeroso piélago se anegó toda esta confusión, llegando el día, que fue mucho que no se perdiera el Sol con la grande polvareda, como don Beltrán de los planetas, subiéndose los dos camaradas la cuesta arriba a la recién bautizada ciudad de Carmona, atalaya de Andalucía, de cielo tan sereno, que nunca le tuvo, y adonde no han conocido al catarro si no es para servirle; y tomando refresco de unos conejos y unos pollos en un mesón que se llama de los Caballeros, pasaron a Sevilla, cuya Giralda y Torre tan celebrada se descubre desde la venta de Peromingo el Alto, tan hija de vecino de los aires, que parece que se descalabra en las estrellas.

Admiró a don Cleofás el sitio de su dilatada población, y de la que hacen tantos diversos bajeles en el Guadalquivir, valla de cristal de Sevilla y de Triana, distinguiéndose de más cerca la hermosura de sus edificios, que parece que han muerto vírgenes y mártires, porque todos están con palmas en las manos, que son las que se descuellan de sus peregrinos pensiles, entre tantos cidros, naranjos, limones, laureles y cipreses; llegando en breve espacio a Torreblanca, una legua larga de esta

insigne ciudad, desde donde comienza su Calzada y los caños de
Carmona, hermosísimo puente de arcos, por donde entra el río Gua-
daíra en Sevilla, cuya hidrópica sed se le bebe todo, sin dejar apenas una
gota para tributar al mar, que es solamente el río en todo el mundo que
está privilegiado de este pecho; haciendo mayor la belleza de esta entrada infinitas granjas, por una parte y por otra, que en cada una se cifra
un jardín terrenal, granizando azahares, mosquetas y jazmines reales.
Y al mismo tiempo que ellos iban llegando a la puerta de Carmona,
atisbó el Cojuelo entrar por ella a caballo, con vara alta y los dos corchetes que sacó del infierno, a Cienllamas; y volviéndose a don Cleofás,
le dijo:

—Aquél que entra por la puerta de Carmona es comisario de mis
amos, que viene contra mí a Sevilla: menester es guardarnos.

—No se me da dos blancas —dijo don Cleofás—; que yo estoy matri-
culado en Alcalá, y no tiene ningún tribunal jurisdicción en mi persona;
y fuera de eso, dicen que es Sevilla lugar tan confuso, que no nos hallarán, si queremos, todos cuantos hurones tienen Lucifer y Bercebú.

Entrándose en la ciudad los dos a buen paso y guiando el Cojuelo,
la barba sobre el hombro, fueron hilvanando calles, y, llegando a una
plazuela, reparó don Cleofás en un edificio suntuoso de unas casas que
tenían una portada ostentosa de alabastro y unos corredores dilatados
de la misma piedra. Preguntole don Cleofás al Cojuelo qué templo era
aquel, y él le respondió que no era templo, aunque tenía tantas cruces
de Jerusalén del mismo relieve de mármol, sino las casas de los duques
de Alcalá, marqueses de Tarifa, condes de los Molares y adelantados
mayores de Andalucía, cuya grandeza ha heredado hoy el gran Duque
de Medina Celi, por falta de hijos herederos, que aunque fuera mayor,
no le hiciera más: que por Fox y Cerda es lo más que puede ser.

—Ya conozco ese príncipe —dijo don Cleofás—, y le he visto en la
Corte, y es tan generoso y entendido como gran señor.

Con esta plática llegaron a la Cabeza del Rey don Pedro, cuya calle
se llama el Candilejo, y atravesando por cal de Abades, la Borciguinería
y el Atambor, llegaron a las calles del Agua, donde tomaron posada,
que son las más recatadas de Sevilla.

En este tiempo, a nuestro Astrólogo o Mágico se lo había llevado de
una apoplejía el demoñuelo zurdo que sustituía al Cojuelo, y bajó a
pedir justicia a Lucifer en el hueso del alma, sin las mondaduras del
cuerpo, del quebrantamiento de su redoma; y doña Tomasa, no olvi-

dando los desaires de don Cleofás, trataba con otra requisitoria de venir a Sevilla, con un galán nuevo que tenía, soldado de los galeones, para tomar venganza casándose con el licenciado Vireno de Madrid la Olimpia de mala mano, sabiendo que se había escapado allá. Don Cleofás y su camarada no salían de su posada, para desmentir las espías de Cienllamas y de Chispa y Redina, y subiéndose a un terrado una tarde, de los que tienen todas las casas de Sevilla a tomar el fresco y a ver desde lo alto más particularmente los edificios de aquella populosa ciudad, estómago de España y del mundo, que reparte a todas las provincias de él la sustancia de lo que traga a las Indias en plata y oro (que es avestruz de la Europa, pues digiere más generosos metales), espantándose don Cleofás de aquel numeroso ejército de edificios, tan epilogado, que si se derramara, no cupiera en toda la Andalucía, le dijo a su compañero:

—Enséñame desde aquí algunos particulares, si se descubren a la vista.

El Cojuelo le dijo:

—Ya por aquella torre que descubrimos desde tan lejos discurrirás que esa bellísima fábrica que está arrimada a ella es la Iglesia Mayor y mayor templo de cuantos fabricó la antigüedad ni el siglo de ahora reconoce. No quiero decirte por menudo sus grandezas; basta afirmarte que su cirio pascual pesa ochenta y cuatro arrobas de cera, y el candelero de tinieblas, de grandeza notable, es de bronce, y de tanta ostentación y artificio, que si fuera de oro no hubiera costado tanto. Su custodia es otra torre de plata, de la misma fábrica y modelo; su trascoro no perdonó piedra exquisita y preciosa a los minerales; su monumento es un templo portátil de Salomón. Pero salgámonos de ella; que aun con las relaciones ni los pensamientos no podemos los demonios pasearla, y vuelve los ojos a aquel edificio que se llama La Lonja, cortada del pernil de San Lorenzo el Real, diseño de don Felipe II, y a mano derecha de ella está el Alcázar, posada real y antigua de los reyes de Castilla, fértil albergue de la primavera, de quien es ilustrísimo alcaide el Conde Duque de Sanlúcar la Mayor, gran Atlante de Hércules de España, cuya prudentísima cabeza es el reloj del gobierno de su monarquía; que a no estar labrado el Buen Retiro, fábrica de inimitable ejemplar por el edificio, los jardines y estanques, tuviera este palacio sevillano la primacía de todas las casas reales del mundo, poniendo en primer lugar el real salón que la majestad del rey don Felipe IV el

Grande ha copiado de su divina idea, donde todas las admiraciones vienen cortas, y las mayores grandezas enjaguadas. Más adelante está la Casa de la Contratación, que tantas veces se ve enladrillada de barras de oro y de plata. Luego está la casa del bizarro Conde de Cantillana, gran cortesano, galán y palaciego, airoso caballero de la plaza, crédito de sus aplausos y alegría de sus reyes; que esto confiesan los toros de Tarifa y Jarama cuando cumplen con sus rejones, como con la parroquia. Luego está, junto a la puerta de Jerez, la gran Casa de la Moneda, donde siempre hay montones de oro y de plata, como de trigo, y junto a ella el Aduana, tarasca de todas las mercaderías del mundo, con dos bocas, una a la ciudad y otra al río, donde está la Torre del Oro y el muelle, chupadera de cuanto traen amontonado los galeones en los tuétanos de sus camarotes. A mano derecha está el puente de Triana, de madera, sobre trece barcos. Y más abajo, en el margen del celebrado río, las Cuevas, monasterio insigne de la Cartuja de San Bruno, que, con profesar el silencio mudo, vive a la lengua del agua. A esta otra parte, sobre la orilla del Guadalquivir, está Gelves, donde todos los romances antiguos de moros iban a jugar cañas, y hoy da sus ilustres condes, y del gran Duque de Veragua, hijo y retrato de tan gran padre;

que es, para no tener a mundos miedo,
Portugal y Colón, Castro y Toledo.

—Soltáronsete –dijo don Cleofás– los consonantes, camarada.

—Cuidado fue, y no descuido –respondió el Cojuelo–, porque me deba más que prosa el dueño de estas alabanzas.

Y prosiguió diciendo:

—Allí es el Alamillo, donde se pescan los sábalos, albures y sollos, y más abajo cae el Algaba, de los esclarecidos marqueses de este título, de Ardales, y condes de Teba, Guzmanes en todo. De esa otra parte cae el Castellar, de los Ramírez y Saavedras, y a la vuelta, Villamanrique, de las Zúñigas, de la gran casa de Béjar, cuyo último malogrado marqués[343] fue Guzmán dos veces Bueno, sobrino del gran Patriarca

---

343   *Malogrado marqués*: Gaspar Pérez de Guzmán y Sandoval, IX duque de Medina Sidonia, era el jefe de la casa de Medina-Sidonia, depositaria del ducado más antiguo de la nobleza de la corona castellana cuando estalla la crisis de 1640, la coyuntura política más crítica del reinado de Felipe IV de España, simultánea a la revuelta de los catalanes y la independencia de Portugal. El marqués, por razones familiares, decide encabezar la rebelión independentista contando con el apoyo de Holanda y Francia, entonces en guerra con España. La rebelión acabó con el marqués siendo decapitado en el Alcázar de Segovia en 1648.

de las Indias, capellán y limosnero mayor del Rey, cuya generosa piedad se taracea con su oficio y con su sangre, y hermano del gran Duque de Sidonia, cuyo solio es Sanlúcar de Barrameda, corte suya, que está ese río abajo, siendo Narciso del Océano y Generalísimo de Andalucía y de las costas del mar de España, a cuyo bastón y siempre planta vencedora obedece el agua y la tierra, asegurando a su Rey toda su monarquía en aquel promontorio donde asiste, para blasón del mundo. Y pues ya llega la noche, y de estas alabanzas no puedo salir menos que callando para encarecerlas, dejemos para mañana lo demás; –bajándose del terrado a tratar que se aderezase la cena, y a salir un poco por la ciudad a su insigne Alameda, que hizo y adornó con las dos columnas de Hércules el Conde de Barajas, asistente de Sevilla, y después, de Castilla dignísimo presidente.[344]

344   Ver nota 130, *The Limping Devil*, en este volumen.

Tranco VIII

Ya, para ejecutar su designio, había tomado doña Tomasa (que siempre tomaba, por cumplir con su nombre y su condición) una litera para Sevilla, y una acémila en que llevar algunos baúles para su ropa blanca y algunas galas, con las del dicho galán soldado, que metiéndose los dos en la dicha litera, partieron de Madrid, como unos hermanos, con la requisitoria que hemos referido. Y a nuestro Astrólogo no le habían dado sepultura, sobre las barajas de un testamento que había hecho unos días antes y descubrieron en un escritorio unos deudos suyos, y estaba la justicia poniendo en razón esta litispendencia. Y el Cojuelo y don Cleofás, que habían dormido hasta las dos de la tarde, por haber andado rondando la noche antes, la mayor parte de ella, por Sevilla, después de haber comido algunos pescados regalados de aquella ciudad y del pan que llaman de Gallegos, que es el mejor del mundo, y habiendo dormido la siesta (bien que el compañero siempre velaba, haciendo diligencias para lisonjear a su dueño en razón de su delito), se subieron al dicho terrado, como la tarde antes, y enseñándole algunos particulares edificios a su compañero, de los que habían quedado sin referir la tarde antes en aquel golfo de pueblos, suspiró dos veces don Cleofás, y preguntole al Cojuelo:

—¿De qué te has acordado, amigo? ¿Qué memorias te han dividido esas dos exhalaciones de fuego desde el corazón a la boca?

—Camarada –le respondió el Estudiante–, acordeme de la calle Mayor de Madrid y de su insigne paseo a estas horas, hasta dar en el Prado.

—Fácil cosa será verle –dijo el Diablillo– tan al vivo como está pasando ahora: pide un espejo a la Huéspeda y tendrás el mejor rato que has tenido en tu vida; que aunque yo, por la posta, en un abrir y cerrar de ojos, te pudiera poner en él, porque las que yo conozco comen alas del viento por cebada, no quiero que dejemos a Sevilla hasta ver en qué paran las diligencias de Cienllamas y las de tu dama, que viene caminando acá, y me hallo en este lugar muy bien, porque alcanzan a él las conciencias de Indias.

A este mismo tiempo subía a su terrado Rufina María, que así se llamaba la Huéspeda, dama entre nogal y granadillo, por no llamarla mulata, gran piloto de los rumbos más secretos de Sevilla, y alfaneque[345] de volar una bolsa de bretón desde su faldriquera a las garras de tanta doncelliponiente como venían a valerse de ella. Iba en jubón de holanda blanca acuchillado, con unas enaguas blancas de cotonía, zapato de ponleví[346], con escarpín sin media, como es usanza en esta tierra entre la gente tapetada[347], que a estas horas se subía a su azotea a tocar de la tarántula[348], con un peine y un espejo que podía ser de armar; y el Cojuelo, viendo la ocasión, se le pidió con mucha cortesía para el dicho efecto, diciendo:

—Bien puede estar aquí la señora Huéspeda; que yo sé que tiene inclinación a estas cosas.

—¡Ay, señor! –respondió la Rufina María–, si son del nigromancia, me pierdo por ellas; que nací en Triana, y sé echar las habas y andar el cedazo mejor que cuantas hay de mi tamaño, y tengo otros primores mejores, que fiaré de vuesas mercedes si me la hacen, aunque todos los que son entendidos me dicen que son disparates.

—No dicen mal –dijo el Cojuelo–; pero, con todo eso, señora Rufina María, de tan gran talento se pueden fiar los que yo quiero enseñar a mi camarada. Esté atenta.

Y tomando el espejo en la mano, dijo:

—Aquí quiero enseñarles a los dos lo que a estas horas pasa en la calle Mayor de Madrid, que esto solo un demonio lo puede hacer, y yo. Y adviértase que en las alabanzas de los señores que pasaren, que es mesa redonda, que cada uno de por sí hace cabecera, y que no es pleito

---

345 *Alfaneque*: Ave de África, variedad de halcón, de color blanquecino con pintas pardas y tarsos amarillentos, que, domesticada, se empleaba en cetrería.
346 *Ponleví*: o *poleví*, tacón de madera forrado de cuero. Del francés *pont-levis*, puente levadizo, por la curva de la suela y el hueco que resultaba entre la punta del calzado y el tacón.
347 *Tapetada*: De color oscuro. De *tapido*, tejido muy apretado que no deja pasar la luz a través.
348 Ver nota 135, *The Limping Devil*, en este volumen.

de acreedores, que tienen unos antelaciones a otros.

—¡Ay, señor! –dijo la tal Rufina–, comience vuesa merced, que será mucho de ver; que yo cuando niña estuve en la Corte con una dama que se fue tras de un caballero del hábito de Calatrava que vino a hacer aquí unas pruebas, y después me volvieron mis padres a Sevilla, y quedé con grande inclinación a esa calle, y me holgaría de volverla a ver, aunque sea en este espejo.

Apenas acabó de decir esto la Huéspeda, cuando comenzaron a pasar coches, carrozas, y literas y sillas, y caballeros a caballo, y tanta diversidad de hermosuras y de galas, que parecía que se habían soltado abril y mayo y desatado las estrellas. Y don Cleofás, con tanto ojo, por ver si pasaba doña Tomasa; que todavía la tenía en el corazón, sin haberse templado con tantos desengaños. ¡Oh proclive humanidad nuestra, que con los malos términos se abrasa, y con los agasajos se destempla! Pero la tal doña Tomasa, a aquellas horas, ya había pasado de Illescas en su litera de dos yemas.

La Rufina María estaba sin juicio mirando tantas figuras como en aquel teatro del mundo iban representando papeles diferentes, y dijo al Cojuelo:

—Señor Huésped, enséñeme al Rey y a la Reina; que los deseo ver y no quiero perder esta ocasión.

—Hija –le respondió el Cojuelo–, en estos paseos ordinarios no salen Sus Majestades; si quiere ver sus retratos al vivo, presto llegaremos adonde cumpla su deseo.

—Sea en hora buena –dijo la tal Rufina, y prosiguió diciendo–: ¿Quién es este caballero y gran señor que pasa ahora con tanto lucimiento de lacayos y pajes en ese coche que puede ser carroza del sol?

El Cojuelo le respondió:

—Este es el almirante de Castilla don Juan Alfonso Enríquez de Cabrera, duque de Medina de Ríoseco y conde de Módica, terror de Francia en Fuenterrabía.

—¡Ay, señor! –dijo la Rufina–. ¿Aquel nos echó los franceses de España? Dios le guarde muchos años.

—Él y el gran Marqués de los Vélez –respondió el Cojuelo– fueron los Pelayos segundos, sin segundos, de su patria Castilla.

—¿Quién viene en aquella carroza que parece de la Primavera? –preguntó la Rufina.

—Allí viene –dijo el Cojuelo– el conde de Oropesa y Alcaudete, sangre de Toledo, Pimentel y de la real de Portugal, príncipe de grandes partes; y el que va a su mano derecha es el Conde de Luna, su primo, Quiñones y Pimentel, señor de la casa de Benavides en León, hijo primogénito del Conde de Benavente, que es Luna que también resplandece de día. El Conde de Lemos y Andrade, marqués de Sarriá, pertiguero mayor de Santiago, Castro y Enríquez, del gran Duque de Arjona, viene en aquel coche, tan entendido y generoso como gran señor. Y en ese otro, el Conde de Monterrey y Fuentes, presidente de Italia, que ha venido de ser Virrey de Nápoles, dejando de su gobierno tanto aplauso a las dos Sicilias y sucediéndole en esta dignidad el Duque de las Torres, marqués de Liche y de Toral, señor del castillo de Aviados, sumiller de corps de Su Majestad, príncipe de Astillano y duque de Sabioneta, que este título es el más compatible con su grandeza; a quien acompaña, con no menos sangre y divino ingenio, en Italia, el marqués de Alcañizas, Almansa, Enríquez y Borja. Allí viene el Condestable prudentísimo Velasco, gentilhombre de la cámara de Su Majestad, con su hermano el Marqués del Fresno. El Duque de Híjar le sigue, Silva, y Mendoza, y Sarmiento, marqués de Alenquer y Ribadeo, gran cortesano y hombre de a caballo grande en entrambas sillas, que por el último título que hemos dicho tiene privilegio de comer con los Reyes la Pascua de este nombre. Va con él el Marqués de los Balbases, Espinola, cuyo apellido puso su gran padre sobre las estrellas. Allí va el Conde de Altamira, Moscoso y Sandoval, gran señor y caballero en todo, caballerizo mayor de Su Majestad de la Reina. Allí pasa el Marqués de Pobar, Aragón, con don Antonio de Aragón, su hermano, del Consejo de Órdenes y del supremo de la Inquisición. Los que atraviesan en aquel coche ahora son el Marqués de Jódar y el Conde de Peñaranda, del Consejo Real de Castilla, ambos Simancas de la jurispericia como de la nobleza.

—¿Quién son aquellos dos mozos que van juntos —preguntó Rufina—, de una misma edad al parecer, y que llevan llaves doradas?

—El Marqués de la Hinojosa —respondió el Cojuelo—, conde de Aguilar y señor de los Cameros, Ramírez y Arellano, es el uno, y el otro es el Marqués de Aytona, favorecedor de la Música y de la Poesía, que heredó, hasta la posteridad, de su padre, entrambos camaristas.

—¿Qué coche es aquel tan lleno, que va espumando sangre generosísima en tantos bizarros? —preguntó la tal Huéspeda.

—Es del Duque del Infantado —dijo el Cojuelo—, cabeza de los Mendozas y Sandoval de varón, marqués de Santillana y del Cenete, conde de Saldaña y del Real de Manzanares, hijo y retrato de tan gran padre. Los que van con él son el Marqués de Almenara, el más bizarro, galán y bien visto de la Corte, hijo del gran Marqués de Orani, el Almirante de Aragón, perfecto caballero, el Marqués de San Román, caballero de veras, heredero del gran Marqués de Velada, rayo de Orán, de Holanda y Gelanda, y su hermano el Marqués de Salinas, que iguala el alma con el cuerpo, copias vivas de tan gran padre, y don Íñigo Hurtado de Mendoza, primo del Duque del Infantado, grandes caballeros todos y señores, que ellos solos pueden alabarse a ellos mismos con decir quién son; que todas las lenguas de la Fama no bastan. Va con ellos don Francisco de Mendoza, gentilhombre cortesano, favorecido de todos y diestro en entrambas sillas de la espada blanca y negra.

—¿Qué tropa es esta que viene ahora a caballo? –preguntó la Rufina.

—Si pasan a espacio, te lo diré –dijo el Cojuelo–. Estos dos primeros son el Conde de Melgar y el Marqués de Peñafiel, que llevan en sus títulos sus aplausos; don Baltasar de Zúñiga, el Conde de Brandevilla, su hermano, hijos del Marqués de Mirabel, y que lo parecen en todo; el Conde de Medellín, Portocarrero de varón, y el Príncipe de Arambergue, primogénito del Duque de Ariscot; el Marqués de la Guardia, que tiene título de ángel; el Marqués de la Liseda, Silva y Manrique de Lara, y don Diego Gómez de Sandoval, comendador mayor de Calatrava, marqués de Villazores, Añover y Humanes, don Baltasar de Guzmán y Mendoza, heredero de la gran casa de Orgaz; Arias Gonzalo, primogénito del Conde de Puñonrostro, imitando las bizarrías de su padre y afianzando las imitaciones de su muy invencible abuelo. Allí viene el Conde de Molina y don Antonio Mesía de Tobar, su hermano, siendo crédito recíprocamente el uno del otro. Y entre ellos, don Francisco Luzón, blasón de este apellido en Madrid, cuyo magnánimo corazón hallará estrecha posada en un gigante. Va con él don José de Castrejón, deudo suyo, gran caballero, y ambos, sobrinos del ilustrísimo Presidente de Castilla. En este coche que los sigue viene el Duque de Pastrana, cabeza de los Silvas, estudioso príncipe y gran señor, con el Marqués de Palacios, mayordomo del Rey y descendiente único de Men Rodríguez de Sanabria, señor de la Puebla de Sanabria, mayordomo mayor del rey don Pedro; el Conde de Grajal, gran señor, y el Conde Galve, su hermano del Duque, molde de buenos caballeros, y en quien se hallara, si se perdiera, la cortesía. Los demás que van acompañándole son hombres insignes de diferentes profesiones; que este es siempre su séquito. Viene hablando en otro coche con el Príncipe de Esquilache, su tío, y con el Duque de Villahermosa don Carlos, su hermano, este del Consejo de Estado de Su Majestad, y ese otro, príncipe de los ingenios. Va con ellos el duque mozo de Villahermosa, don Fernando, en quien lo entendido y lo bizarro corren parejas, y don Fernando de Borja, comendador mayor de Montesa, de la cámara de Su Majestad, con veintidós cursos de virrey, que se puede graduar de Catón Uticense y Censorino. Allí viene el Marqués de Santa Cruz, Neptuno español y mayordomo mayor de la Reina nuestra señora. Aquel es el Conde de Alba de Liste, con el Marqués de Tabara y el Conde de Puñonrostro. Y tras ellos, el Duque de Nochera, Héctor napolitano y gobernador hoy de Aragón. En ese coche que se sigue viene el Conde de Coruña, Mendoza y Hurtado de las Nueve Musas, honra de los consonantes castellanos, en compañía del Conde de la Puebla de Montalbán, Pacheco y Girón. Allí, el Marqués de Malagón, Ulloa y Saavedra, y el Marqués de Malpica, Barroso y Ribera, y el de Frómista, padre del Marqués de Caracena, celebrado por Marte castellano en Italia, y el Conde de Orgaz, Guzmán y Mendoza, de Santo Domingo y San Ildefonso, todos mayordomos del Rey. Aquel que va en aquel coche es el Marqués de Floresdávila, Zúñiga y Cueva, tío del gran Duque de Alburquerque, que hoy está sirviendo con una pica en Flandes, capitán general de Orán, donde fue asombro del África levantando las banderas de su Rey veinticinco leguas dentro de la Berbería. Allí va el Conde de Castrollano, napolitano Adonis. Allí va el Conde de Garcíes, Quesada y andaluz gallardo, y Marqués de Velmar, el Marqués de Tarazona, Conde de Ayala, Toledo y Fonseca, el Conde de Santisteban y Cocentaina y el Conde de Cifuentes, divinos ingenios; el conde de la Calzada, y tras él, el Duque de Peñaranda, Sandoval y Zúñiga. Y en ese otro coche, don Antonio de Luna y don Claudio Pimentel, del Consejo de Órdenes, Cástor y Pólux de la amistad y de la generosidad.

—¡Ay, señor!, aquel que pasa en aquel coche –dijo la Rufina–, si no me engaño es de Sevilla, y se llama Luis Ponce de Sandoval, marqués de Valdeencinas, y como que me crié en su casa.

El Cojuelo respondió:

—Es un muy gran caballero y el más bien quisto que hay en esta tierra ni en la Corte; que no es pequeño encarecimiento. Y aquel con quien va es el Marqués de Ayamonte, estirado título de Castilla y Zúñiga de varón; y no menos que él es ese que viene en ese coche, el Conde de la Puebla del Maestre, que tiene más maestres en su sangre que condes, mozo de grandes esperanzas, y lo fuera de mayores posesiones si tuviera de su parte la atención de la Fortuna. Allí pasa el Conde de Castrillo, Haro, hermano del gran Marqués del Carpio, presidente de Indias, y tras él, el Marqués de Ladrada y el Conde de Baños, padre y hijo; Cerdas, de la gran casa de Medinaceli. Ese otro es el Marqués de los Trujillos, bizarro caballero. Y tras ellos, el Conde de Fuensalida, con don Jaime Manuel, de la cámara de Su Majestad y hermano del Duque de Maqueda y Nájara, que hoy gobierna el tridente de ambos mares.

—Dígame vuesa merced, señor Licenciado –dijo la Rufina–: ¿qué casas suntuosas son estas que están enfrente de estas joyeras?

—Son del Conde de Oñate –dijo el Diablillo–, timbre esclarecidísimo de los Ladrones de Guevara, Mercurio Mayor de España y Conde de Villamediana, hijo de un padre que hace emperadores, y es hoy presidente de Órdenes.

—Y aquellas gradas que están allí enfrente –prosiguió la tal Rufina María–, tan llenas de gente, ¿de qué templo son, o qué hacen allí tanta variedad de hombres vestidos de diferentes colores?

—Aquellas son las gradas de San Felipe –respondió el Cojuelo–, convento de San Agustín, que es el mentidero de los soldados, de adonde salen las nuevas primero que los sucesos.

—¿Qué entierro es este tan suntuoso que pasa por la calle Mayor? –preguntó don Cleofás, que estaba tan aturdido como la mulata.

—Este es el de nuestro Astrólogo –respondió el Cojuelo–, que ayunó toda su vida, para que se lo coman todos estos en su muerte, y siendo su retiro tan grande cuando vivo, ordenó que le paseasen por la calle Mayor después de muerto, en el testamento que hallaron sus parientes.

—Bellaco coche –dijo don Cleofás– es un ataúd para ese paseo.

—Los más ordinarios son esos –dijo el Cojuelo–, y los que ruedan más en el mundo. Y ahora me parece –prosiguió diciendo– que estarán mis amos menos indignados conmigo, pues la prenda que solicitaban por mí la tienen allá, hasta que vaya esta otra mitad, que es el cuerpo, a regalarse en aquellos baños de piedra azufre.

—¡Con sus tizones se lo coma! –dijo don Cleofás.

Y la Rufina estaba absorta mirando su calle Mayor, que no les entendió la plática, y volviéndose a ella el Cojuelo, le dijo:

—Ya vamos llegando, señora Huéspeda, donde cumpla lo que desea; que esa es la Puerta del Sol y la plaza de armas de la mejor fruta que hay en Madrid. Aquella bellísima fuente de lapislázuli y alabastro es la del Buen Suceso, adonde, como en pleito de acreedores, están los aguadores gallegos y coritos gozando de sus antelaciones para llenar de agua los cántaros. Aquella es la Victoria, de frailes mínimos de San Francisco de Paula, retrato de aquel humilde y seráfico portento que en el palacio de Dios ocupa el asiento de nuestro soberbio príncipe Lucifer; y mire allí enfrente los retratos que yo le prometí enseñar; –sin estar la dicha mulata en la plática que hacia don Cleofás había dirigido el tal Cojuelo, y diciendo:

—¡Qué linda hilera de señores, que parece que están vivos!

—El Rey nuestro señor es el primero –dijo el Cojuelo.

—¡Qué hombre está! –dijo la mulata–. ¡Qué bizarros bigotes tiene y cómo parece rey en la cara y en el arte! ¡Qué hermosa que está junto a él la Reina nuestra señora, y qué bien vestida y tocada! ¡Dios nos la guarde! Y aquel niño de oro que se sigue luego, ¿quién es?

—El Príncipe nuestro señor –dijo don Cleofás–, que pienso que le crió Dios en la turquesa de los ángeles.

—Dios le bendiga –replicó Rufina–, y mi ojo no le haga mal; y viviendo más que el mundo, nunca herede a su padre, y viva su padre más siglos que tiene almenas en su monarquía. ¡Ay, señor! –prosiguió Rufina–, ¿quién es aquel caballero que, al parecer, está vestido a la turquesca, con aquella señora tan linda al lado, vestida a la española?

—No es –dijo el Cojuelo– traje turquesco; que es la usanza húngara, como ha sido rey de Hungría: que es Ferdinando de Austria, cesáreo emperador de Alemania y rey de Romanos, y la emperatriz su esposa María, serenísima infanta de Castilla, que hasta los demonios –volviéndose a don Cleofás– celebramos sus grandezas.

—¿Quién es aquel de tan hermosa cara y tan alentadas guedejas –preguntó la mulata–, que está también en la cuadrilla vestido de soldado, tan galán, tan bizarro y tan airoso, que se lleva los ojos de todos y tiene tanto auditorio mirándole?

—Aquel es el serenísimo infante don Fernando –respondió el Cojuelo–, que está por su hermano gobernando los estados de Flandes y es arzobispo de Toledo y cardenal de España, y ha dado al infierno las mayores entradas de franceses y holandeses que ha tenido jamás después que se representa en él la eternidad de Dios, aunque entren las de Jerjes y Darío, y pienso que ha de hacer dar grada a mujeres de las luteranas, calvinistas y protestantes que siguen la seta de sus maridos, tanto, que los más de los días vuelve el dinero al purgatorio.

—Gana me da, si pudiera –dijo la mulata–, de darle mil besos.

—En país está –dijo don Cleofás–, que tendrá el original bastante mercadería de eso; que esta ceremonia dejó Judas sembrada en aquellos países.

—¡Oh, cómo me pesa –dijo la Rufina– que va anocheciendo y encubriéndose el concurso de la calle Mayor!

—Ya todo ha bajado al Prado –dijo el Cojuelo–, y no hay nada que ver en ella; tome vuesa merced su espejo; que otro día le enseñaremos en él el río de Manzanares, que se llama *río* porque se *ríe* de los que van a bañarse en él, no teniendo agua, que solamente tiene regada la arena, y pasa el verano de noche, como río navarrisco, siendo el más merendado y cenado de cuantos ríos hay en el mundo.

—El más caudal de él es –dijo don Cleofás–, pues lleva más hombres, mujeres y coches que pescados los dos mares.

—Ya me espantaba yo –dijo el Cojuelo– que no volvías por tu río. Respóndele eso al vizcaíno que dijo: «O vende puente, o compra río.»

—No ha menester mayor río Madrid –dijo don Cleofás–, pues hay muchos en él que se ahogan en poca agua, y en menos se ahogara aquel regidor que entró en el ayuntamiento de las ranas del Molino quemado.

—¡Qué galante eres –dijo el Cojuelo–, don Cleofás, hasta contra tus regidores!

Bajándose con esto de la azotea, y la Rufina protestando al Cojuelo que le había de cumplir la palabra el día siguiente. Todo lo cual y lo que más sucediere se deja para ese otro tranco.

Tranco IX

Y saliéndose al ejercicio de la noche pasada, aunque las calles de Sevilla, en la mayor parte son hijas del Laberinto de Creta, como el Cojuelo era el Teseo de todas, sin el ovillo de Ariadna[349], llegaron al barrio del Duque, que es una plaza más ancha que las demás, ilustrada de las ostentosas casas de los Duques de Sidonia, como lo muestra sobre sus armas y coronel un niño con una daga en la mano, segundo Isaac en el hecho, como ese otro en la obediencia, el dicho que murió sacrificado a la lealtad de su padre don Alonso Pérez de Guzmán el Bueno, alcaide de Tarifa[350]; aposento siempre de los asistentes de Sevilla, y hoy del que con tanta aprobación lo es, el conde de Salvatierra, gentilhombre de la cámara del señor infante Fernando y segundo Licurgo del gobierno[351]. Y al entrar por la calle de las Armas, que se sigue luego a siniestra mano, en un gran cuarto bajo, cuyas rejas rasgadas descubrían algunas luces, vieron mucha gente de buena capa sentados con grande orden, y uno en una

---

349 Ver nota 156, *The Limping Devil*, en este volumen.

350 Se refiere a la muerte de Pedro Pérez de Guzmán, segundo hijo del alcaide de Tarifa. En 1294 el infante Juan de Castilla, hermano del rey Sancho IV de Castilla, apodado «el bravo», puso sitio a la ciudad de Tarifa al frente de tropas conformadas por musulmanes granadinos y marroquíes. El alcaide era Alonso Pérez de Guzmán, nombrado como tal por Sancho IV. Para forzar al alcaide a entregar la plaza el infante Juan le amenazó con matar a su hijo Pedro, a quien tenía en su poder. Desde lo alto de la torre Pérez de Guzmán le respondió «Si no tenéis un arma para consumar la iniquidad ahí tenéis la mía» lanzándoles su daga. Los sitiadores allí mismo degollaron a Pedro ante la mirada de su padre. Un mes después se acercaron refuerzos cristianos a Tarifa, por lo que los musulmanes comandados por el infante Juan levantaron el asedio, retirándose al reino de Granada. La noticia de la actuación de Alonso pronto alcanzó la corte de Toledo. El rey Sancho le escribió una carta en la que le decía: «Mereces ser llamado "El Bueno", y ansí vos lo llamo, y vos ansí vos llamaredes de aquí en adelante». Así el relato sobre Alonso Pérez de Guzmán se transformó en la historia de Guzmán el Bueno.

351 Ver nota 158, *The Limping Devil*, en este volumen.

silla con un bufete delante, una campanilla, recado de escribir y papeles,
y dos acólitos a los lados, y algunas mujeres con mantos, de medio ojo,
sentadas en el suelo, que era un espacio que hacían los asientos, y el Cojuelo le dijo a don Cleofás:

—Esta es una academia de los mayores ingenios de Sevilla[352], que
se juntan en esta casa a conferir cosas de la profesión y hacer versos a
diferentes asuntos; si quieres (pues eres hombre inclinado a esta habi-
lidad), éntrate a entretener dentro; que por huéspedes y forasteros no
podemos dejar de ser muy bien recibidos.

Don Cleofás le respondió:

—En ninguna parte nos podemos entretener tanto: entremos en
hora buena.

Y trayendo en el aire, para entrar más de rebozo, el Diablillo dos
pares de antojos, con sus cuerdas de guitarra para las orejas, que se los
quitó a dos descorteses, que con este achaque palían su descortesía, que
estaban durmiendo, por ejercerla de noche y de día, entraron muy severos en la dicha Academia, que patrocinaba, con el agasajo que suele,
el conde de la Torre, Ribera, y Saavedra, y Guzmán, y cabeza y varón
de los Riberas. El presidente era Antonio Ortiz Melgarejo, de la
insignia de San Juan, ingenio eminente en la Música y en la Poesía, cuya
casa fue siempre el museo de la Poesía y de la Música. Era secretario
Álvaro de Cubillo, ingenio granadino que había venido a Sevilla a algunos negocios de su importancia, excelente cómico y grande versifi-
cador, con aquel fuego andaluz que todos los que nacen en aquel clima
tienen, y Blas de las Casas era fiscal, espíritu divino en lo divino y
humano. Eran, entre los demás académicos, conocidos don Cristóbal
de Rozas y don Diego de Rosas, ingenios peregrinos que han honrado
el poema dramático, y don García de Coronel y Salcedo, fénix de las
letras humanas y primer Píndaro andaluz.

Levantáronse todos cuando entraron los forasteros, haciéndolos aco-
modar en los mejores lugares que se hallaron, y, sosegada la Academia
al repique de la campanilla del Presidente, habiendo referido algunos
versos de los sujetos que habían dado en la pasada, y que daban fin en
los que entonces había leído con una silva el Fénix, que leyó doña Ana
Caro[353], décima musa sevillana, les pidió el presidente a los dos forasteros que por honrar aquella Academia repitiesen algunos versos suyos

---

352   Ver nota 159, *The Limping Devil*, en este volumen.
353   Ver nota 166, *The Limping Devil*, en este volumen.

que era imposible dejar de hacerlos muy buenos los que habían entrado a oír los pasados; y don Cleofás, sin hacerse más de rogar, por parecer castellano entendido y cortesano de nacimiento, dijo:

—Yo obedezco con este soneto que escribí a la gran máscara del Rey nuestro señor, que se celebró en el Prado alto, junto al Buen Retiro, tan grande anfiteatro, que borró la memoria de los antiguos griegos y romanos.

Callaron todos, y dijo en alta voz, con acción bizarra y airoso ademán, de esta suerte:

> Aquel que, más allá de hombre, vestido
> de sus propios augustos esplendores,
> al Sol por virrey tiene, y en mayores
> climas su nombre estrecha esclarecido,
>   aquel que, sobre un céfiro nacido,
> entre los ciudadanos moradores
> del Betis, a quien más que pació flores
> plumas para ser pájaro ha bebido,
>   aquel que a luz y a tornos desafía,
> en la mayor palestra que vio el suelo
> cuanta le ve estrellada monarquía,
>   es, a pesar del bárbaro desvelo,
> Filipo el Grande, que, árbitro del día,
> está partiendo imperios con el Cielo;

aplaudiéndolo toda la Academia con vítores y un dilatado estruendo festivo; y apercibiéndose el Cojuelo para otro, destosiéndose como es costumbre en los hombres, siendo él espíritu, dijo de este modo:

A Un sastre tan caballero, que no quería cortar los vestidos de sus amigos, remitiéndolos a su masebarrilete.[354]

---

[354] Rodríguez Marín dice: «Comentó Durán y copió Bonilla, acerca de este masebarrilete: "Según el sentido del período, puede entenderse que habla del Sota u oficial mayor del sastre. Acaso Barrilete sea algún personaje que haga papel de oficial de sastre en algún entremés o alguna jácara. Si así fuere, el autor habrá usado de dicha palabra aludiendo al personaje popularizado en la escena cómica o en el romance popular."» (FRM 189-90, 27)

Soneto

Pánfilo, ya que los eternos dioses,
por el secreto fin de su juicio,
no te han hecho tribuno ni patricio,
con que a la dignidad del César oses,

     razón será que el ánimo reposes,
haciendo en ti oblación y sacrificio;
que dicen que no acudes a tu oficio
estos que cortan lo que tú no coses.

     Los ojos vuelve a tu primer estado:
las togas cose, y de vestirlas deja;
que un plebeyo no aspira al consulado.

     Esto, Pánfilo, Roma te aconseja;
no digan que de plumas que has hurtado
te has querido vestir, como corneja.

El soneto fue aplaudido de toda la Academia, diciendo los más no-
ticiosos de ella que parecía epigrama de Marcial, o en su tiempo compuesto de algún poeta que le quiso imitar, y otros dijeron que adolecía
del Doctor de Villahermosa, divino Juvenal aragonés, pidiendo el
conde de la Torre a don Cleofás y al Cojuelo que honrasen aquella
junta lo que estuviesen en Sevilla, y que dijesen los nombres supuestos
con que habían de asistirla, como se usó en la Corusca³⁵⁵ en la academia
de Capua, de Nápoles, de Roma y de Florencia, en Italia, y como se
acostumbraba en aquella. Don Cleofás dijo que se llamaba *el Engañado,*
y el Cojuelo, *el Engañador,* sin entenderse el fundamento que tenían los
dos nombres; y repartiendo los asuntos para la academia venidera,
nombraron por presidente de ella al *Engañado,* y por fiscal al *Engañador,*
porque el oficio de secretario no se mudaba, haciéndoles esta lisonja
por forasteros y porque les pareció a todos que eran ingenios singulares.
Y sacando una guitarra una dama de las tapadas, templada sin sentirlo,
con otras dos cantaron a tres voces un romance excelentísimo de don
Antonio de Mendoza, soberano ingenio montañés y dueño eminen-
tísimo del estilo lírico, a cuya divina música vendrán estrechos todos

---

355 *Corusca*: salvado, cobertura del grano que se descarta para hacer harina blanca.
Academia fundada bajo ese nombre en Florencia (1570), Ver nota 172, *The Limping
Devil*, en este volumen.

los agasajos de su fortuna. Con que se acabó la Academia de aquella noche, dividiéndose los unos de los otros para sus posadas, aunque todavía era temprano, porque no habían dado las nueve, y don Cleofás y el Cojuelo se bajaron hacia el Alameda, con pretexto de tomar el fresco en la Almenilla, baluarte bellísimo que resiste a Guadalquivir, para que no anegue aquel gran pueblo en las continuas soberbias avenidas suyas. Y llegando a vista de San Clemente el Real, que estaba en el camino, a mano izquierda, convento ilustrísimo de monjas, que son señoras de todo aquel barrio, y de vasallos fuera de él, patronazgo magnífico de los Reyes, fundado por el santo rey don Fernando, porque el día de su advocación ganó aquella ciudad de los moros, le dijo el Cojuelo a don Cleofás:

—Este real edificio es jaula sagrada de un serafín, o Serafina[356], que fue primero dulcísimo ruiseñor del Tejo, cuya divina y extranjera voz no cabe en los oídos humanos, y sube en simétrica armonía a solicitar la capilla empírea, prodigio nunca visto en el diapasón ni en la naturaleza; pero no por eso privilegiada de la envidia.

A estas hipérboles iba dando carrete (verdades pocas veces ejecutadas de su lengua), cuando, al revolver otra calle, pocas veces paseada a tales horas de nadie, oyeron grandes carcajadas de risa y aplausos de regocijo en una casa baja, edificio humilde que se indicaba de jardín por unas pequeñas verjas de una reja algo alta del suelo, que malparía algunos relámpagos de luces, escasamente conocidos de los que pasaban. Y preguntole al Cojuelo don Cleofás qué casa era aquella donde había tanto regocijo a aquellas horas. El Diablillo le respondió:

—Este se llama el garito de los pobres; que aquí se juntan ellos y ellas, después de haber pedido todo el día, a entretenerse y a jugar, y a nombrar los puestos donde han de mendigar ese otro día, porque no se encuentren unas limosnas con otras. Entremos dentro y nos entretendremos un rato; que sin ser vistos ni oídos, haciéndonos invisibles con mi buena maña, hemos de registrar este cónclave de San Lázaro[357].

Y con estas palabras, tomando a don Cleofás por la mano, se entraron por un balconcillo que a la mano derecha tenía la mendiga habitación, porque en la puerta tenían puesto portero por que no entrasen más de los que ellos quisiesen y los que fuesen señalados de la mano de Dios; y bajando por un caracolillo a una sala baja, algo espa-

---

356   Ver nota 175, *The Limping Devil*, en este volumen.
357   Ver nota 176, *The Limping Devil*, en este volumen.

ciosa, cuyas ventanas salían a un jardinillo de ortigas y malvas, como de gente que había nacido en ellas[358], la hallaron ocupada con mucha orden de los pobres que habían venido, comenzando a jugar al *rentoy* limetas de vino de Alanís y Cazalla, que en aquel lugar nunca lo hay razonable, y algunos mirones, sentados también, y en pie. La mesa sobre que se jugaba era de pino, con tres pies y otro supuesto, que podía pedir limosna como ellos, un candelero de barro con una antorcha de brea, y los naipes con dos dedos de moho hacia cecina, de puro manejados de aquellos príncipes, y el barato[359] que se sacaba se iba poniendo sobre el candelero. Y a esta otra parte estaba el estrecho de las señoras, sobre una estera de esparto, de retorno del invierno pasado; tan remendados todos y todas, que parece que les habían cortado de vestir de jaspes[360] de los muladares[361]. Y entrando don Cleofás y su compañero y diciendo una pobra, fue todo uno: «Ya viene el Diablo Cojuelo», alterose don Cleofás y dijo a su camarada:

—Juro a Dios que nos han conocido.

—No te sobresaltes –respondió el Diablillo–; que no nos han conocido, ni nos pueden ver, como te previne; que el que ha dicho la pobra que viene es aquel que entra ahora, que trae una pierna de palo y una muleta en la mano, y se viene quitando la montera, y entre ellos le llaman el Diablo Cojuelo por mal nombre, que es un bellaco, mal pobre, embustero y ladrón, y estoy harto cansado con él y con ellos porque le llaman así, que es una sátira que me han hecho con esto, y que yo he sentido mucho; pero esta noche pienso que me lo ha de pagar, aunque sea con la mano del gato, como dicen.

—Muy grande atrevimiento –dijo don Cleofás– ha sido quererlas apostar contigo, siendo tú el demonio más travieso del infierno, y no te la hará nadie que no te la pague.

—Estos pobres –dijo el Cojuelo–, como son de Sevilla, campan también de valientes, y reñirán con los diablos; pero no se alabará, si yo puedo, este de haber salido horro[362] de esta chanza; que en el mundo se me han atrevido solamente tres linajes de gente: representantes[363],

---

358　*Nacido en las malvas*: coloq. Haber tenido humilde nacimiento.
359　*Barato*: porción del dinero que da graciosamente el jugador que gana a los mirones.
360　*Jaspes*: manchas, por las vetas de la piedra *Jaspe*, especie de cuarzo microcristalino pasible de pulimento como el mármol.
361　*Muladar*: originalmente *muradal*, lugar próximo al muro exterior de una casa donde se tiraban inmundicias y desperdicios.
362　*Salir horro*: quedar libro sin pagar.
363　*Representante*: Comediante, actor, farsante.

ciegos y pobres; que los demás embusteros y gente de este género pasan por demonios como yo.

En esto, se había acomodado o sentádose en el suelo el Piedepalo, Diablo Cojuelo segundo de este nombre, diciendo muchas galanterías a las damas, y entró el Murciégalo, llamado así porque pedía de noche a gritos por las calles, con Sopaenvino, que le había encontrado agazapado en una taberna y sacado por el rastro de los mosquitos que salían de él, como de la cuba de Sahagún. Convidolos con su asiento el Chicharro y el Gallo, el uno, que cantaba pidiendo por las siestas en verano y despertando los lirones; el otro, mendigaba por las madrugadas; y tomando el suelo por mejor asiento, porque cualquiera cosa más alta los desvanecía, y estando en esto, entró un pobre en un carretón, a quien llamaban el Duque, y todos se levantaron, ellos y ellas, a hacerle cortesía; y él, quitándose un sombrerillo que había sido de un carril de un pozo, dijo:

—Por mi amor que se estén quedos y quedas, o me volveré a ir.

Temieron el disfavor, y llegándole el muchacho que le traía el carretón a la mesa donde se jugaba, pidió cartas. Faraón, que era uno de los del juego, llamado de esta suerte porque pedía con plagas a las puertas de las iglesias, y el Sargento, nombrado así porque tenía un brazo menos, le dijeron que los dejase jugar su excelencia, que estaban picados; que después harían lo que les mandaba; viniéndose el Duque con el Marqués de los Chapines, que era un pobre que andaba arrastrando, y de la cintura arriba muy galán, y estaba entreteniendo las damas, diciendo:

—Con usía me vengo, que está más bien parado.

Y a ninguno de los dos les habían las damas menester para nada.

La Postillona, llamada de este nombre porque pedía a las veinte limosna, no dejando calle ni barrio que no anduviese cada día, tuvo palabras con la Berlinga, tan larga como el nombre, que había sido senda de Esgueva a Zapardiel, sobre celos del Duque; y la Paulina, que apellidaban así porque maldecía a quien no le daba limosna, se picó con la Galeona, que llamaban de esta suerte porque andaba artillada de niños que alquilaba para pedir, sobre haber dicho unas palabras preñadas al Marqués sin dar causa su señoría a ello, metiéndose la Lagartija y la Mendruga a revolverlas más, y el Piedepalo a las vueltas, con las Fuerzas de Hércules, que eran dos pobres, uno sobre otro, que a no meterse Zampalimosnas, que era el garitero, de por medio, y Pericón el de la Barquera, y Embudo el Temerario, Tragadardos, Zancayo, Peruétano y Ahorcasopas, hubiera un paloteado, entre los pobres y pobras, de los diablos. El Duque y el Marqués interpusieron sus autoridades, y para quietarlo de todo punto enviaron por un particular, que trajo luego Piedepalo, para pagarlo de bonete, que fueron unos ciegos y una gaita zamorana que muy cerca de allí se recogían, que fue menester pagárselo adelantado por que se levantasen, y se concertó en treinta cuartos, y dijo el Duque que no se había pagado tan caro particular jamás, por vida de la Duquesa. Y al mismo tiempo que entró Piedepalo con el particular, se entró tras ellos Cienllamas, con la vara en la pretina, y Chispa y Redina con él, preguntando:

—¿Quién es aquí el Diablo Cojuelo? Que he tenido soplo que está aquí en este garito de los pobres, y no me ha de salir ninguno de este aposento hasta reconocerlos a todos, porque me importa hacer esta prisión.

Los pobres y las pobras se escarapelaron viendo la justicia en su garito, y el verdadero Diablo Cojuelo, como quien deja la capa al toro, dejó a Cienllamas cebado con el pobrismo, y por el caracolillo se volvieron a salir del garito él y don Cleofás.

—Este es –dijo el Duque, señalando a Piedepalo–; que nosotros, ni hombres como nosotros, no hemos de defender de la justicia a hombres tan delincuentes; –tomando venganza de algunos embustes que les había hecho en las limosnas de la sopa de los conventos; y agarrando con él Chispa y Redina, comenzó a pedir iglesia a grandes voces Piedepalo, que en un bodegón hiciera lo mismo, queriendo darles a entender que era ermita, y no garito, donde estaban, y que todos y todas habían venido a hacer oración a ella. El tal Cienllamas y Chispa y Redina comenzaron a sacarle arrastrando, diciéndole, entre algunos puñetes y mojicones:

—No penséis, ladrón, que os habéis de escapar con esos embustes de nuestras manos; que ya os conocemos.

Entonces el Marqués, metiendo las manos en los chapines, dijo:

—¿Por qué hemos de consentir que no contradiga el Duque que lleve preso un alguacil a un pobrete como el Cojuelo? ¡Por vida de la Marquesa que no lo ha de llevar!

Y haciéndose los demás pobres y pobras de su parte, y apagando las luces, comenzaron con los asientos y con las muletas y bordones a zamarrearle a él y a sus corchetes a oscuras, tocándoles los ciegos la gaita zamorana y los demás instrumentos a cuyo son no se oían los unos a los otros, acabando la culebra con el día y con desaparecerse los apaleados.

TRANCO X

En este tiempo llegaban a Gradas su camarada y don Cleofás, tratando de mudarse de aquella posada, porque ya tenía rastro de ellos Cienllamas, cuando vieron entrar por la posta, tras un postillón, dos caballeros soldados vestidos a la moda, y díjole el Cojuelo a don Cleofás:

—Estos van a tomar posada y apearse a CaldeBayona o a la Pajería, y es tu dama y el soldado que viene en su compañía, que, por acabar más presto la jornada, dejaron la litera y tomaron postas.

—¡Juro a Dios –dijo don Cleofás– que lo he de ir a matar antes que se apee, y a cortarle las piernas[364] a doña Tomasa!

—Sin riesgo tuyo se hará todo eso –dijo el Cojuelo–, ni sin tanta demostración pública; gobiérnate por mí ahora; que yo te dejaré satisfecho.

—Con eso me has templado –dijo don Cleofás–; que estaba loco de celos.

—Ya sé qué enfermedad es esa, pues se compara a todo el infierno junto –dijo el Diablillo–. Vámonos a casa de nuestra mulata, almorzarás y conmutarás en sueño la pendencia; y acuérdate que has de ser presidente de la Academia, y yo fiscal.

—Pardiez –dijo don Cleofás–, todo se me había olvidado con la pesadumbre; pero es razón que cumplamos nuestras palabras como quien somos.

Y habiéndose mudado de la posada de Rufina otro día a otra de la

---

364   *Cortar las piernas*: probablemente se refiera a desjarretar, como a los toros, «Herir con arma cortante en los jarretes del toro para cortar los tendones de sus patas traseras». Era costumbre que penas el toro cojeaba y andaba sobre tres patas, el populacho era libre para precipitarse en el ruedo y acabar con el animal a estocadas o a cuchilladas» (José Deleito y Piñuela *También se divierte el pueblo*, p. 130, citado por Dolores Azorín Fernández).

Morería, más recatada, pasaron los que faltaron para la Academia en
estudiar y escribir los sujetos que les habían dado y en hacer don
Cleofás una oración para preludio de ella, como es costumbre y obligación de las presidencias de tales actos; y, llegado el día, se aderezaron
lo mejor que pudieron, y al anochecer partieron a la palestra, donde les
esperaban todos los ingenios con admiraciones de los suyos, y con los
mismos antojos de la preñez pasada se fueron sentando en los lugares
que les tocaban; y haciendo señal con la campanilla para obligar al silencio, don Cleofás, llamado el *Engañado* en la Academia, hizo una
oración excelentísima en verso de silva[365], cuyos números ataron los
oídos al aplauso y desataron los asombros a sus alabanzas. Y en pronunciando la última palabra, que es el *Dixi,* volviendo a resonar el
pájaro de plata, dijo:

—Yo quiero parecer presidente en publicar ahora, después de mi
oración, unas premáticas[366] que guarden los divinos ingenios que me
han constituido en esta dignidad; —leyendo de esta manera un papel
que traía doblado en el pecho:

«Premáticas, Y Ordenanzas Que Se Han De Guardar
En La Ingeniosa Academia Sevillana Desde Hoy En
Adelante.

»Y por que se celebren y publiquen con la solemnidad
que es necesaria, sirviendo de atabales los cuatro vientos y
de trompetas el Músico de Tracia, tan marido, que por su
mujer *descendit ad inferos*[367], y Arión[368], que, siendo de los
piratas con quien navegaba arrojado al mar por robarle, le
dio un delfín en su escamosa espalda, al son de su instrumento, jamugas para que no naufragase, *et coetus, et Amphion Thebanae conditor urbis*; y pregonero la Fama, que pe-
netra provincias y elementos, y secretario que se las dicte
Virgilio Marón, príncipe de los poetas, digan de esta suerte:
»Don Apolo, por la gracia de la Poesía rey de las Musas,

---

365   *Silva*: es una estrofa, o más bien una serie métrica, compuesta por versos endecasílabos
      (11 sílabas) y heptasílabos (7 sílabas), de rima consonante libre hasta el punto que inclu-
      so se pueden dejar versos sueltos sin rima.
366   *Premática(s)*: Ley emanada de competente autoridad, que se diferenciaba de los reales
      decretos y órdenes generales en las fórmulas de la publicación (DRAE).
367   Se refiere a Orfeo.
368   Se refiere a *Arión de Lesbos* o de *Metimna*, tañedor de lira considerado el mejor de su
      tiempo (siglo VII a. C.)

príncipe de la Aurora, conde y señor de los oráculos de Delfos y Delo, duque del Pindo, archiduque de las dos Frentes del Parnaso y Marqués de la Fuente Cabalina, etc., a todos los poetas heroicos, épicos, trágicos, cómicos, ditirámbicos, dramáticos, autistas, entremeseros, bailinistas y villancieres, y los demás de nuestro dominio, así seglares como eclesiásticos, salud y consonantes. Sepáis: como, advirtiendo las grandes desórdenes y desperdicios con que han vivido hasta aquí los que manejan nuestros ritmos, y que son tantos los que, sin temor de Dios y de sus conciencias, componen, escriben y hacen versos, salteando y capeando de noche y de día los estilos, conceptos y modos de decir de los mayores, no imitándolos con la templanza y perífrasis que aconseja Aristóteles, Horacio y César Escalígero, y los demás censores que nuestra Poética advierten, sino remendándose con centones de los otros y haciendo mohatras de versos, fullerías y trapazas, y para poner remedio en esto, como es justo, ordenamos y mandamos lo siguiente:

»Primeramente se manda que todos escriban con voces castellanas, sin introducirlas de otras lenguas, y que el que dijere *fulgor, libar, numen, purpurear, meta, trámite, afectar, pompa, trémula, amago, idilio,* ni otras de esta manera, ni introdujere posposiciones desatinadas, quede privado de poeta por dos academias, y a la segunda vez confiscadas sus sílabas y arados de sal sus consonantes, como traidores a su lengua materna.[369]

»Item, que nadie lea sus versos en idioma de jarabe, ni con gárgaras de algarabía en el gútur[370], sino en nuestra castellana pronunciación, pena de no ser oídos de nadie.

»Item, por cuanto celebraron el Fénix en la academia pasada en tantos géneros de versos, y en otras muchas ocasiones lo han hecho otros, levantándole testimonios a esta ave y llamándola hija y heredera de sí propia y pájaro del Sol, sin haberle tomado una mano ni haberla conocido si no

---

369   Ver nota 189, *The Limping Devil*, en este volumen. En definitiva prohibe los neologismos.

370   *Gutur*: Termino de medicina: parte superior de la garganta, nuez. Prohibe la pronunciación gutural «afrancesada».

es para servirla, ni haber ningún testigo de vista de su nido, y ser alarbe de los pájaros, pues en ninguna región ha encontrado nadie su aduar, mandamos que se ponga perpetuo silencio en su memoria, atento que es alabanza supersticiosa y pájaro de ningún provecho para nadie, pues ni sus plumas sirven en las galas cortesanas ni militares, ni nadie ha escrito con ellas, ni su voz ha dado música a ningún melancólico, ni sus pechugas alimento a ningún enfermo; que es pájaro duende, pues dicen que le hay, y no le encuentra nadie, y ave solamente para sí; finalmente, sospechosa de su sangre[371], pues no tiene abuelo que no haya sido quemado; estando en el mundo el pájaro celeste, el cisne, el águila, que no era bobo Júpiter, pues la eligió por su embajatriz, la garza, el neblí, la paloma de Venus, el pelícano, afrenta de los miserables, y, finalmente, el capón de leche, con quien los demás son unos pícaros. Este sí que debe alabarse, y mátenle un fénix a quien sea su devoto, cuando tenga más necesidad de comer. Dios se lo perdone a Claudiano[372], que celebró esta necedad imaginada, para que todos los poetas pecasen en él.

»Item, porque a nuestra noticia ha venido que hay un linaje de poetas y poetisas hacia palaciegos, que hacen más estrecha vida que los monjes del Paular, porque con ocho o diez vocablos solamente, que son *crédito, descrédito, recato, desperdicio, ferrión, desmán, atento, valido, desvalido, baja fortuna, estar falso, explayarse,* quieren expresar todos sus conceptos y dejar a Dios solamente que los entienda, mandamos que se les den otros cincuenta vocablos más de ayuda de costa, del tesoro de la Academia, para valerse de ellos, con tal que, si no lo hicieren, caigan en pena de menguados y de no ser entendidos como si hablaran en vascuence.

»Item, que en las comedias se quite el desmesurarse los embajadores con los reyes, y que de aquí adelante no le

---

371   Ver nota 191, *The Limping Devil*, en este volumen.
372   *Claudio Claudiano*: (370-405) poeta latino en la corte del emperador romano de Occidente Honorio, en la de su tutor y regente Estilicón y en la del emperador romano de Oriente Arcadio. Compuso odas a victorias militares, invectivas, etc., dos epilios mitológicos y un conjunto de pequeños poemas diversos, siendo *Phoenix* el más célebre.

valga la ley del mensajero[373]; que ningún príncipe en ellas se finja hortelano por ninguna infanta, y que a las de León se les vuelva su honra con chirimías, por los testimonios que las han levantado; que los lacayos graciosos no se entremetan con las personas reales si no es en el campo o en las calles de noche; que para querer dormirse sin qué ni para qué no se diga: «Sueño me toma», ni otros versos por el consonante, como decir a *rey,* «porque es justísima ley», ni a *padre,* «porque a mi honra más cuadre», ni las demás: «A furia me provocó», «Aquí para entre los dos» y otras civilidades, ni que se disculpen sin disculparse diciendo:

«Porque un consonante obliga
a lo que el hombre no piensa».

»Y al poeta que en ellas incurriera de aquí adelante, la primera vez le silben, y la segunda sirva a Su Majestad con dos comedias en Orán.[374]

»Item, que los poetas más antiguos se repartan por sus turnos a dar limosna de sonetos, canciones, madrigales, silvas, décimas, romances y todos los demás géneros de versos a poetas vergonzantes que piden de noche, y a recoger los que hallaren enfermos comentando o perdidos en las *Soledades* de don Luis de Góngora; que haya una portería en la Academia, por donde se dé sopa de versos a los poetas mendigos.

»Item, que se instituya una Hermandad y Peralvillo[375] contra los poetas monteses y jabalíes.

»Item, mandamos que las comedias de moros se bauticen dentro de cuarenta días, o salgan del reino.

»Item, que ningún poeta, por necesidad ni amor, pueda ser pastor de cabras ni ovejas, ni de otra res semejante, salvo si fuere tan Hijo Pródigo que, disipando sus consonantes

---

373 Probablemente se refiera a la ley que protegía al pregonero del pueblo, un oficial de la corte que decía los pronunciamientos en el nombre del monarca. Esto incluía malas noticias. Agredir a un heraldo era considerado como acto de traición.

374 Ver nota 196, *The Limping Devil*, en este volumen.

375 *Peralvillo*: pago junto a Ciudad Real, adonde la Santa Hermandad hace justicia con los delincuentes bajo su jurisdicción.

en cosas ilícitas, quedare sin ninguno sobre qué caer poeta; mandamos que en tal caso, en pena de su pecado, guarde cochinos.

»Item, que ningún otro poeta sea osado a hablar mal de los otros sino es dos veces en la semana.

»Item, que al poeta que hiciere poema heroico no se le dé de plazo más que un año y medio, y que lo que más tardare se entienda que es falta de la musa; que a los poetas satíricos no se les dé lugar en las academias, y se tengan por poetas bandidos y fuera del gremio de la poesía noble, y que se pregonen las tallas de sus consonantes, como de hombres facinerosos a la república. Que ningún hijo de poeta que no hiciere versos no pueda jurar por vida de su padre, porque parece que no es su hijo.

»Item, que el poeta que sirviere a señor ninguno, muera de hambre por ello.

»Y, al fin, estas premáticas y ordenanzas se obedezcan y ejecuten como si fueran leyes establecidas de nuestros príncipes, reyes y emperadores de la Poesía. Mándanse pregonar, porque venga a noticia de todos.»

Celebradísimo fue el papel de *el Engañado* por peregrino y caprichoso, sacando, al mismo tiempo que le acababa, otro del pecho *el Engañador*, llamado así en la Academia y en los tres hemisferios[376], y fiscal de la presente, que decía de esta manera:

«Pronóstico Y Lunario Del Año Que Viene, Al Meridiano De Sevilla Y Madrid, Contra Los Poetas, Músicos Y Pintores. Compuesto Por "El Engañador," Académico De La Insigne Academia Del Betis, Y Dirigido A Perico De Los Palotes, Protodemonio Y Poeta De Dios Te La Depare Buena»;

interrumpiendo estas últimas razones un alguacil de los veinte[377], guarnecido de corchetes (y tantos, que si fueran de plata pudiera competir con la capitana y almiranta de los galeones cuando vuelven de retorno con las entrañas del Potosí y los corazones de los que los esperan

---

376 Ver nota 199, *The Limping Devil*, en este volumen.
377 Ver nota 201, *The Limping Devil*, en este volumen.

y los traen), doña Tomasa y su soldado, como entraron por la posta para estar a la vista de la ejecución de su requisitoria; la Academia se alteró con la intempestiva visita, y el atrevido Alguacil dijo:

—Vuesas mercedes no se alboroten; que yo vengo a hacer mi oficio y a prender no menos que al señor Presidente, porque es orden de Madrid y la he de hacer de Evangelio.

Palotearon los académicos, y don Cleofás se espeluzó tanto cuanto, y el Fiscal, que era el Cojuelo, le dijo:

—No te sobresaltes, don Cleofás, y déjate prender, no nos perdamos en esta ocasión; que yo te sacaré a paz y a salvo de todo.

Y volviendo a los demás, les dijo lo mismo, y que no convenía en aquel lance resistencia ninguna; que si fuera menester, *el Engañado* y él metieran a todos los alguaciles de Sevilla las cabras en el corral.

—Hombre hay aquí –dijo un estudiantón del Corpus, graduado por la Feria y el pendón verde[378]–, que, si es menester, no dejará oreja de ministro a manteazos, siendo yo el menor de todos estos señores.

El Alguacil trató de su negocio sin meterse en más dimes ni diretes, deseando más que hubiese dares y tomares, y doña Tomasa estuvo, empuñada la espada y terciada la capa, a punto de pelear al lado de su soldado; que era, sobre alentada, muy diestra, como había tanto que jugaba las armas, hasta que vio sacar preso al que le negaba la deuda, libre de polvo y paja. El Cojuelo se fue tras ellos, y la Academia se malogró aquella noche y murió de viruelas locas.

El Cojuelo, arrimándose al Alguacil, le dijo aparte, metiéndole un bolsillo en la mano, de trescientos escudos:

—Señor mío, vuesa merced ablande su cólera con este diaquilón[379] mayor, que son ciento cincuenta doblones de a dos.

Respondiéndole el Alguacil, al mismo tiempo que los recibió:

—Vuesas mercedes perdonen el haberme equivocado, y el señor Licenciado se vaya libre y sin costas, más de las que hemos hecho; que yo me he puesto a un riesgo muy grande habiendo errado el golpe.

El soldado y la señora doña Tomasa, que también habían regalado al Alguacil, por más protestas que le hicieron entonces, no le pudieron poner en razón, y ya a estas horas estaban los dos camaradas tan lejos de ellos, que habían llegado al río y al Pasaje, que llaman, por donde

---

378 *Gente de la feria y pendón verde*: Valientes, hampones y rufianes. Ver nota 202 *The Limping Devil*, en este volumen.

379 *Diaquilón*: Ungüento con que se hacen emplastos para ablandar los tumores.

pasan de Sevilla a Triana y vuelven de Triana a Sevilla, y, tomando un barco, durmieron aquella noche en la calle del Altozano, calle Mayor de aquel ilustre arrabal, y la Vitigudino y su galán se fueron muy desairados a lo mismo a su posada, y el Alguacil a la suya, haciendo mil discursos con sus trecientos escudos, y el Cojuelo madrugó sin dormir, dejando al compañero en Triana, para espiar en Sevilla lo que pasaba acerca de las causas de los dos, revolviendo de paso dos o tres pendencias en el Arenal.

Y el Alguacil despertó más temprano, con el alborozo de sus doblones, que había puesto debajo de las almohadas, y, metiendo la mano, no los halló; y levantándose a buscarlos, se vio emparedado de carbón, y todos los aposentos de la casa de la misma suerte, porque no faltase lo que suele ser siempre del dinero que da el diablo, y tan sitiado de esta mercadería, que fue necesario salir por una ventana que estaba junto al techo, y en saliendo, se le volvió todo el carbón ceniza; que si no fuera así, tomara después por partido dejar lo alguacil por carbonero, si fuere el carbón de la encina del infierno[380], que nunca se acaba, amén, Jesús.

El Cojuelo iba dando notables risadas entre sí, sabiendo lo que le había sucedido al Alguacil con el soborno. Saliendo, en este tiempo, por calle de Tintores a la plaza de San Francisco, y habiendo andando muy pocos pasos, volvió la cabeza y vio que le venían siguiendo Cienllamas, Chispa y Redina; y, dejando las muletas, comenzó a correr, y ellos tras él, a grandes voces diciendo:

—¡Tengan ese cojo ladrón!

Y cuando casi le echaban las garras Chispa y Redina, venía un escribano del número bostezando, y metiósele el Cojuelo por la boca, calzado y vestido, tomando iglesia, la que más a su propósito pudo hallar. Quisieron entrarse tras él a sacarle de este sagrado Chispa, Redina y Cienllamas, y salió a defender su jurisdicción una cuadrilla de sastres, que les hicieron resistencia a agujazos y a dedalazos, obligando a Cienllamas a enviar a Redina al infierno por orden de lo que se había de hacer; y lo que trajo en los aires fue que, con el Escribano y los sastres, diesen con el Cojuelo en los infiernos. Ejecutose como se dijo, y fue tanto lo que los revolvió el Escribano, después de haberle hecho gormar[381] al Cojuelo, que tuvieron por bien los jueces de aquel partido echarlo fuera, y que se volviese a su escritorio, dejando a los

---

380 Ver nota 204, *The Limping Devil*, en este volumen.
381 *Gormar*: vomitar.

sastres en rehenes, para unas libreas que habían de hacer a Lucifer a la festividad del nacimiento del Antecristo; tratando doña Tomasa, desengañada, de pasarse a las Indias con el tal soldado, y don Cleofás de volverse a Alcalá a acabar sus estudios, habiendo sabido el mal suceso de la prisión de su Diablillo, desengañado de que hasta los diablos tienen sus alguaciles, y que los alguaciles tienen a los diablos. Con que da fin esta novela, y su dueño gracias a Dios porque le sacó de ella con bien, suplicando a quien la leyere que se entretenga y no se pudra en su leyenda, y verá qué bien se halla.

Lightning Source UK Ltd.
Milton Keynes UK
UKHW010646131020
371498UK00001B/65